なぜ日本人はとりあえず謝るのか

「ゆるし」と「はずし」の世間論

佐藤直樹
Sato Naoki

PHP新書

はじめに

「世間」は日本に独特のものである。日本人だったら、だれしもこの「世間」にとらわれている。「世間」は、万葉の時代から続いてきたきわめて古い人的関係であり、明治時代以降、西欧流の近代化を達成した今でも、依然として日本人をつよく縛りつづけている。

だが近年、というより、日本の近代化がはじまって以来ずうっと、といっていいのだが、この「世間」という共同体が、西欧流の近代的な人的関係が浸透することによって、解体ないし崩壊したという議論がくり返しなされてきた。とくに、ここ一〇年ぐらいの日本におけるグローバル化にともなう新自由主義の台頭によって、それまであった「世間」は解体したという論調が、ちまたを席巻している。

しかしそれは、ほんとうなのだろうか?

私はもともと刑法を専門としているが、刑事法の分野でも、ここ一〇年ぐらい日本の裁判では、死刑判決の増加や懲役刑《ちようえき》の長期化に象徴されるように、多くの西欧先進産業国と同様の厳罰化が進み、社会学者のJ・ヤングのいう「包摂《ほうせつ》型社会」より「排除型社会」への転換があったといわれるようになった。

また、その根底にあるのは「世間」の崩壊であり、それまで日本社会がもっていた犯罪を「ゆるす」文化が崩壊し、犯罪にたいして不寛容になり、犯罪者を「世間」から「はずす」、つまり排除する傾向が強まったといわれるようになった。

しかし、ほんとうに「世間」は崩壊し、日本は「排除型社会」に突入したといえるのか？ ほんとうに日本社会は、犯罪にたいして不寛容になったのか？

西欧社会の厳罰化の根底には、七〇年代からの犯罪発生率の増加や治安状況の圧倒的な悪化があった。しかし、統計が明らかにするように、ここ四〇年ぐらいを考えても、日本の治安はまったく悪化していない。

日本の犯罪発生率の低さや治安の良さは、西欧にはない、日本独特の「世間」の存在を考えないと説明がつかない。歴史学者の阿部謹也《あべきんや》さんがいうように、日本人は、依然として「世間」にがんじがらめに縛られている。犯罪は、「法」に反する行為であるはるか以前に、「世間がゆるさない」のである。つまり、犯罪者は「世間」から「はずされ」てしまう。日本人は「世間を離れては生きてゆけない」と思っているために、この抑止力は絶対である。

つまり「世間」はもともと、真摯《しんし》に謝罪する犯罪者を「ゆるす」という包摂的側面と同時に、ケガレとして犯罪者を「はずす」という排除的側面をもっていたのではないか。ようするに「世間」は、「ゆるし」と「はずし」という、ふたつの一見相矛盾《むじゅん》するような側面をもともともっていたのではないか。

私は、それが今日、たんにこの排除的側面が、厳罰化という現象として、刑事司法の前景にあらわれたにすぎないと考えている。

たしかに、日本における近年の新自由主義の台頭は、厳罰化に代表されるように、日本社会全体にはかり知れないほどの大きな影響を与えた。しかし「世間」という観点から考えたとき、日本社会が根底において大きく変化しているとは思えない。つまり「世間」の「ゆるし」と「はずし」の構造が、相変わらず社会の根底で、通奏低音のように作動している。「世間」は解体したのではなく、その意匠《いしょう》を変えているだけではないか。

そしてこの「ゆるし」と「はずし」の構造のなかで、キーワードとなっているのが謝罪である。なにか不祥事がおきたときに、「自分は悪くない」と心のなかでは思っていても、とりあえず大急ぎで謝罪し、「世間」の「ゆるし」を乞《こ》わなければならないのは、日本人が「世間」から「はずされる」ことを極端に恐れているからである。

とくにこのことは、犯罪をおかしたような場合に、ときにきわめて極端なかたちであらわれる。近年の厳罰化の流れのなかで、犯罪者の家族がメディアにたいして会見をおこない、「世間」にただちに謝罪しなければならないのは、この謝罪と「ゆるし」への「世間」の同調圧力が強まっているからである。

私は、現在こうした同調圧力が強まっているのは、きわめて逆説的なのだが、「世間」にとってはまったく異質の新自由主義の「自己責任論」などの台頭によって、「世間」がそれを異物とみなし、花粉症や喘息《ぜんそく》のようなアレルギー反応をおこした結果であると考えている。

本書では、謝罪と「ゆるし」をめぐる、このような日本人に特有の行動様式について、日本でおきた厳罰化に焦点をあてて考えてみたい。目標は、新自由主義の台頭という意匠の根底に、依然として通奏低音のように流れる、「世間」の「ゆるし」と「はずし」という原理の存在を明るみに出すことである。

目次

なぜ日本人はとりあえず謝るのか

「ゆるし」と「はずし」の世間論

第三章

「はずし」としての厳罰化

「後期近代」への突入か

第四章

「ゆるし」としての刑法三九条

第五章

「ゆるし」としての少年法

第六章

謝罪と「ゆるし」
出すぎた杭は打たれない

第一章

日本人を縛る「世間」とはなにか

なぜ年齢にこだわるのか

(1)日本に社会は存在しない

社会という言葉はだれでも知っているし、「社会に出る」とか「社会人」とか「社会学」とか「社会科」というように、日常的にふつうに使われている。しかし、この社会が日本には存在しないといわれたら、どう思うだろうか?

二〇年ほど前に初めて「世間」論を提起したのは、阿部謹也さんである。この阿部さんの問題提起が衝撃的であったのは、societyの翻訳語である「社会」が、明治以降、言葉はともかく、現在でも日本には実在しないと喝破したことである。

つまりヨーロッパでは、八〇〇年ほど前に、都市化とキリスト教の「告解」の浸透により、individualたる個人が生まれ、個人の集合体としての社会が形成された。しかし日本では、とくにキリスト教の「告解」にあたる歴史的経験がなかったために、individualの翻訳語である「個人」もまた、言葉はともかく、現在でも実在しない。そのために、これまでに個人の集合体である社会も生まれなかった。

そのかわりに万葉の時代から連綿と存在してきたのが、「世間」であった。問題なのは、日本は明治以降西欧諸国から文物を輸入し、近代化をおこなってきたのだが、そうした西欧の文物の根底にあったのが個人であり、社会であったことである。土台としての個人や社会の輸入に失敗したために、その上に構築されたさまざまな制度や学問といった建造物も、土台のない空中楼閣《ろうかく》になってしまっていることである。

じつは、「法」や「権利」という概念もまた、個人や社会を前提としているために、個人や社会が存在しない日本の「世間」においては、それらの概念がさっぱりリアリティをもたないということになってしまったのだ。

法律家にいわせれば、これは西欧に比べて日本が「遅れている」ことになり、早く西欧に追いつかなければならない由々しき事態であることになる。しかしこれは、「進んでいる」「遅れている」というような単純な問題ではない。西欧に追いつければよいという問題ではないのだ。

ところで「世間」を英語に訳せといわれたら、どう答えるだろうか？

もちろんsociety ではないし、worldでも、communityでもない。訳せない以上、英語圏には「世間」は存在しないと考えるしかない。つまり、「世間」は現在でも、少なくとも英語圏においては存在しない人的関係のあり方である。

日本人は「社会を離れては生きてゆけない」とは考えないが、「世間を離れては生きてゆけない」と固く信じている。つまり、「世間」を「はずれ」ては生きてゆけないと考えている。それは次章で詳しく説明するように、〈世間 - 内 - 存在〉、つまり「世間」のウチ側が、日本人にとって「存在論的安心」が得られるような場所となっているからである。

逆に「世間」のソト側の〈世間 - 外 - 存在〉であるかぎり、「世間」の庇護《ひご》を受けることはできないから、「存在論的不安」のなかにたたき込まれる。そこでは、「ゆるし」や義理・人情といった原理が作動せず、「法」や「権利」という概念しか存在しない。つまりT・ホッブズのいうような、「万人の万人にたいする敵対」の場所となっている。

日本人は「世間」の内部から「はずれ」ないために、この「存在論的不安」をもたらすような場所に追い出されないように、つねに細心の注意を払っている。よく考えるとかなり馬鹿げた努力ともいえるのだが、それは、人生における最大の問題であるといってもいいくらいなのだ。しかも「世間」は、社会と異なって、明文化はされていないが、暗黙の、しかもきわめて細かいルールからできあがっている。このルールを守らないかぎり、「世間」の一員とはみなされないのだ。

　ここでは簡単に、阿部さんの議論を参考にしながら、日本人が「世間」のなかでゼッタイ守らなければならない、主要なルールを四つあげておこう。

(2)「お返し」がなにより大切なのだ

　第一の「世間」のルールは、「贈与・互酬《ごしゅう》の関係」である。

　メールがきたときに、返信するまでなんとなく心理的に負担に感じるのは、じつは「お返し」しなければいけないという「世間」のルールがあるためである。モノではないがメールも、一種の「贈答品」として「お返し」の対象となるからだ。

「お返し」で一番わかりやすいのは、お中元・お歳暮である。夏のお中元、冬のお歳暮のシーズンになると、デパートにずらっと商品が並ぶ。ここ一〇年で派遣など非正規労働がかなり一般化し、上司と部下の関係がかなり希薄になってきている今でも、お中元・お歳暮がなくなったという話は聞かない。お中元・お歳暮はフメツなのだ。

　この贈答関係においてもっとも大事な点は、「お返し」の場合にだいたい同じ金額・グレードのものが要求されるということだ。もらった品にたいして、あまりに安いものは失礼だが、高いものも、かえって失礼にあたる。つまり、きわめて細かいルールがあるということだ。

お中元・お歳暮と同様、葬式の香典には「お返し」としての「香典返し」が、結婚式のお祝いには「お返し」としての「引き出物」が、入学祝いには「お返し」としての「内祝い」が要求され、私などは、はっきりいって死ぬほどメンドーくさい。

先進産業国で、これほど「贈与・互酬の関係」が貫徹している国は、おそらく日本だけである。この点で、外国人からだったらモノをもらっても、「ありがとう」といえばおしまい。基本的に「お返し」を考える必要はない。ところが日本人同士だと、「お返し」しなければならないのは当然として、あとあとまで、会ったときに、「あの時は、結構なものを頂戴いたしまして、ありがとうございました」といわなければならない。

ところで、人類学者のM・モースがいっているように、このような「贈与・互酬の関係」は、昔はヨーロッパにも存在した。ヨーロッパだけでなく世界各地にも存在した。ヨーロッパでは、およそ八〇〇年以上前のことである。

しかしヨーロッパでは、このような現世における「贈与・互酬の関係」は、キリスト教の支配が貫徹するなかで、聖書によって否定され、次第に消滅していった。「贈与・互酬の関係」は、来世における神との関係に転換されたのだ。

誕生日やクリスマスなどの一部の例外を除いて、西欧諸国において現在、日本におけるような大規模な「贈与・互酬の関係」がみられないのは、そのためである。つまり、他人と「贈与・互酬の関係」をもつことは、神の教えに反することになったのだ。

日本では「お返し」がちゃんとできない人間は、低く評価され、「世間」からはつまはじきされることになる。一九九八年以降、日本では自殺者が三万人をこえ、その後一二年連続で高止まりしているが、先進産業国のうちでもこの自殺者の多さは、「世間」の存在を考えないと説明がつかない。

つまり、病気（うつ病など）を除けば、自殺する最大の理由は経済的な問題である。会社をリストラでクビになったり、倒産や破産をしたりすれば借金が「お返し」できない。借金返済ができないことは、法律上はたかだか契約違反の問題にすぎないのだが、日本では「贈与・互酬の関係」を守れない人間だという評価になる。

日本人は「世間を離れては生きてゆけない」と固く信じているから、「世間」から「はずされ」たら、蒸発するか死ぬしかなくなる。これが、日本において経済不況によって自殺者が極端に増えた理由である。

(3) なぜ年齢にこだわるのか

第二の「世間」のルールは、「身分制」である。

最近よく聞く言葉に、「アラフォー」というのがある。アラウンドフォーティ、つまり大体四〇才の意味である。「アラ還」というのもあるらしい。アラウンド還暦。つまり六〇才の還暦に近い、という意味である。

だからなんなんだ、と、アラ還の私なんかは、これを聞くたびにキレそうになる。だが、このように、日本の「世間」では生理的な年齢に異常にこだわる人が多い。それは、「世間」が年齢に基づく強固な「身分制」からできあがっているからだ。

阿部さんはこれを「長幼の序」といっているが、先輩／後輩、長男／次男／三男などというい方は、「世間」には年齢によってはっきりと序列ができあがっていることを意味する。英語圏だと先輩／後輩といういい方はふつうしないし、家族のなかの呼び方は、シスターとブラザーだけで、そこには順番や序列はない。

日本語だと二人称が「きみ」「あなた」「お前」「てめえ」「なんじ」など、数限りなくあるが、英語だとＹＯＵだけである。英語だと相手が大統領だろうが、友達だろうが、ＹＯＵでよい。しかし日本ではそうはいかない。このことは、「世間」においては相手の「身分」に応じて、二人称を無意識に、瞬時につかい分けていることを意味する。

日本語や英語という言葉が重要なのは、言葉は他者とのコミュニケーションの手段であるばかりではなく、モノを考え、自己表現する上で不可欠のものだからだ。言葉をつかうことによって、私たちは無意識にそれに縛られている。しかしあえて意識しないかぎり、このことには気づかない。

だから日本では、相手の「身分」がわからない状態が一番困る。仕事をする上で名刺交換が欠かせないのは、初めて会ったときに、社長であるか、部長であるか、課長であるか、ヒラの社員であるか、相手の肩書によって「身分」を確認する必要があるからだ。

それで思い出すのは、一九九一年に、イギリスのエジンバラ大学に客員研究員として滞在していたときのことである。私は、そのとき日本から山のように自分の名刺をもっていったのだが、三ヵ月の滞在中、名刺交換をしたのはたった二回。それも一回は、学生の英語研修の付き添いで来ていた日本人の教員と交換した。イギリス人と交換したのはたった一回。大学の学部長から、家でパーティをやるから遊びに来なさいといわれて、自宅住所入りの名刺をもらったときだけである。

英語圏では、日本の「世間」にあるような「身分」は存在しないから、相手がどういう「身分」であるかを知らなくとも、付き合うのにべつに問題はない。肩書なしの関係の自由さは、私がイギリスに行って経験したビックリの一つである。

日本人にとって肩書なしの関係は、ある意味不安な関係でもある。それは、日本人は、「世間」のなかに肩書があり、自分が「世間」に「身分」として組み込まれているということのなかに、「存在論的安心」をみいだすからである。日本人は自分が〈世間‐内‐存在〉であるかぎりにおいて、「存在論的安心」をもつことができる。

日本では、肩書がはっきりしないことは、人々を不安におとしいれる。二〇〇八年二月に三浦和義さんがサイパンで、元妻の殺害容疑によってアメリカ当局に逮捕されたが、彼の肩書をどうするかについて、日本のメディアでは「元社長」と「容疑者」とに分かれた。たしかに「元社長」と「容疑者」では、受ける印象がまるでちがう。

日本のメディアがなぜ肩書のつけ方にこれほど過敏になるかといえば、それは、日本の「世間」が肩書に異常に敏感な身分社会だからである。三浦さんの逮捕を伝えた『ロサンゼルス・タイムズ』(二〇〇八年二月二三日電子版)は、ミスターなしの呼び捨てだが、英語圏では呼び捨てでもべつに侮辱的なニュアンスはない。西欧社会においては、人は「法の下に平等」だという、大方の合意があるからである。

第四章でのべるように、ここ一〇年ぐらいの間に日本は本格的な「格差社会」に入ったといわれるが、もともとあった「世間」の「身分制」が、格差の拡大によって、ますますロコツにあらわれるようになっている。その結果、「世間」がもともともっていた、隣の人間にたいする「妬《ねた》み」の意識が肥大化しているのである。

(4)「お世話になっております」は訳せない

第三の「世間」のルールは、「共通の時間意識」である。

「共通の時間意識」とは、「みんな同じ時間を生きていると考えている」ということである。

もちろん、これは客観的で物理的な時計の時間の話ではない。客観的で物理的な時間の話だったら、近代以前はともかく、今ではだれだって世の中には「同じ時間」が流れていると考えている。

そうではなく、ここでいう時間意識とは、他人にも自分と同じ時間が流れていると考えるという、主観的で内的な時間意識のことである。この場合に大事なのは、そこには「個々の」時間が流れているのではなく、「同じ」時間が流れているということである。

この「共通の時間意識」のもとでは、まず、individual たる個人がいないために「個人の時間意識」が存在しない。つまり、各個人がべつべつの時間を生きているという時間意識が存在しないのである。

つぎに、「共通の時間意識」のもとでは、個人が存在しないために、人類学者の中根千枝さんのいう「人間平等主義」（中根千枝『タテ社会の人間関係』講談社現代新書、一九六七年）が派生する。あとでのべるが、これは、「世間」のなかでは「みんな同じ」であると考えるために、個々に能力の差があっても、お互いそれを認めようとしないということである。

最近のKYという言葉は「空気読め（ない）」という意味だが、劇作家の鴻上尚史《こうかみしょうじ》さんは、「空気」とは「世間」が流動化したものだという（鴻上尚史『「空気」と「世間」』講談社現代新書、二〇〇九年）。「空気」を通じての同調圧力が生じるのは、「世間」にこの「共通の時間意識」というルールがあり、そこに個人が存在せず、「みんな同じ」でなければならないと考えるからである。

また「出る杭は打たれる」という格言があるが、これは「世間」のなかで「目立つ」人間は、つまり他のものと「同じ」でない人間は、〈世間‐外‐存在〉として「世間」から「はずされる」ということだ。

二〇一〇年のバンクーバー五輪のさいの、スノーボード・ハーフパイプの國母《こくぼ》和宏選手の「服装の乱れ」問題が、このことを鮮やかに示している。彼は、オリンピックの公式スーツを「腰パン」スタイルで着たために、「世間」からのバッシングを浴び、記者会見で謝罪したものの、選手村入村式にも開会式にも出られなくなった。

日本のメディアはこの國母選手の「品格問題」で大騒ぎをした。だが同じ頃、銅メダルをパーティで「不適切」に扱って非難されたアメリカのハーフパイプの選手は、米国オリンピック委員会に謝罪はしたものの、べつに記者会見を開くこともなく帰国したそうだ。

日本の「共通の時間意識」にたいして、西欧社会は、「個人の時間意識」が作動している。つまり、個人の「自由」が尊重される。前にふれたように、ヨーロッパにおいてindividualとしての個人は、約八〇〇年前に、都市化とキリスト教の「告解」という制度によって生まれた。

「告解」というかたちで神にたいして罪を告白することによって、自分の内面を外部にさらけだし、それによって人が個人として形成されることになった。日本にはこの「告解」の歴史がなかったために、個人が形成される契機がなかった。そのために現在でも、個人が存在しない。西欧社会におけるような「個人の時間意識」が生まれていない。

「共通の時間意識」のもっともわかりやすい例は、「あの時はありがとうございました」（過去）「お世話になっております」（現在）「今後ともよろしくお願いします」（未来）という、「世間」ではごく日常的な挨拶である。これらは、西欧語に訳すことができない。つまり、西欧社会にはない。外国人に無理やり訳して使うと、ヘンに思われるはずだ。

これらの挨拶は、日本において、お互いに〈世間‐内‐存在〉であることを確認するための、必須の手続きである。つまり、同じ「世間」を生きているということの相互の確認である。ありがたく思っていてもいなくても、お世話になっていてもいなくても、よろしくと思っていてもいなくても、これらの挨拶は、過去―現在―未来にわたって、仕事をする上での枕詞《まくらことば》として使われる。

中根さんは「世間」にある人間平等主義について、「無差別悪平等」であるという。つまりこの人間平等主義においては、能力による差があっても、それは認められない。日本の会社における伝統的労働システムとしての年功序列制などがそうだが、この、歳とともに給料が上がるというシステムは、年齢という「身分」による差別はあるが、だれしもいつかは給料が上がるということでは「平等」である。

西欧の民主主義の根幹は「自由・平等・博愛」。そのうち日本では「自由」は受け入れられなかったが、「平等」や「博愛」のほうはわりとうまく受容したといわれる。

評論家の加藤周一さんによれば、戦後日本で西欧流の「平等」は徹底したが、「自由」は徹底しなかった。その理由として、日本の土壌に「自由」の伝統はなかったが、平等要素があったからだという（加藤周一「日本社会・文化の基本的特徴」武田清子編『日本文化のかくれた形』岩波書店、一九八四年）。

加藤さんは日本における「平等主義」のはじまりを明治維新にみているが、じつは「世間」の「共通の時間意識」、すなわち人間平等主義はそれよりもっと古い。加藤さんのいう「平等主義」とは、西欧流の「法の下の平等」のことであるが、じつは「共通の時間意識」としての人間平等主義とは、それとはまったく異なっている。

つまり戦後日本人が「民主主義」といってきたものの中身は、この伝統的な人間平等主義であって、西欧の「法の下の平等」とは、似て非なるものであったといえる。伝統的な「平等主義」は、もともと「世間」がもっていたものである。封建時代にはたしかに「身分制」が存在したが、この人間平等主義は、それと一見矛盾するようにみえながら、それと併存してきた。

現在の「世間」においても、三つ目のルールとしての「共通の時間意識」は、二つ目のルールとしての「身分制」と一見矛盾するようにみえながら、両者は併存している。そして、この矛盾的な構造があるがゆえに、外国にはない、日本独特の「妬み」の意識、「妬み」の構造が生まれるのだ。

(5) 年賀状がなくならないわけ

第四の「世間」のルールは、「呪術性」である。

日本の「世間」には、やたらに俗信や迷信のたぐいが多い。結婚式は大安の日に集中し、友引の日には葬式をしない。あるいは節分の日には特定の方角を向いて、恵方《えほう》巻きをいただく。これらはべつに、法律に書いてあるわけではないし、従わなかったからといって、罰則があるわけでもない。

だからこのルールは、暗黙の了解事項だといえるのだが、守らない場合には「世間知らず」だとして非難されることになる。しかも困ったことに、「呪術性」のルールはやたらに沢山あるし、しかも紙に書いていないので、みんな確実に全部を知っているわけではない。場合によっては、これを理由として村八分となり、「世間」からの「はずし」に遭うことになる。これらは、〈世間‐内‐存在〉であるために、確実に守らなければならないルールなのだ。

ごく些細《ささい》なことのようにみえるが、お正月に年賀状を出すことだって、ちゃんと出しておかないと、「世間」から「世間知らず」「失礼な奴」というレッテルを貼られてしまう。つまりその人間の人格的評価につながる。しかも年賀状を出す範囲とは、その人の「世間」の範囲であるといえる。「世間が広い」人は、年賀状の数が多いだろうし、「世間が狭い」人は、年賀状の数が少ないはずである。

最近では年賀メールが増えたとはいえ、年賀状の習慣は、なかなかなくならない。これは、「呪術性」のルールと先ほどの「贈与・互酬の関係」のルールが交差する場にあって、それゆえに強固な習慣となっているからである。年賀状はフメツなのだ。

「世間」の「呪術性」の根底にあるのは、きわめて古い自然宗教的な考え方である。この自然宗教においては、仏教やキリスト教の教えのように、死者は遠く、つまり彼岸《ひがん》に行ってしまうのではなく、時々此岸《しがん》、つまり現世に気まぐれに帰ってくる存在である。お盆やお彼岸の墓参りがそれを示している。西欧では、日本のような年中行事的な墓参りの習慣はほとんどないという。

「世間」は一〇〇〇年の歴史があるといわれるが、仏教にせよ儒教にせよキリスト教にせよ、日本に外部から伝来した由緒正しい宗教は、この「世間」の自然宗教と癒着し、それに蚕食《さんしょく》され、本来の姿を失ってきた。

日本の「葬式仏教」や「クリスマス」がその典型である。仏式で葬式をしたからといって、べつにすべてが仏教徒というわけではないだろうし、クリスマスを祝ったからといって、べつにすべてがクリスチャンだというわけでもないだろう。

日本では現在でも、この由緒正しい宗教にはさっぱり人気がなく、根底にあるのは相変わらず自然宗教にもとづいた「呪術性」である。しかし西欧社会では、約八〇〇年ほど前に、キリスト教の支配によって、おおむねこの「呪術性」が否定された。

一二、三世紀のヨーロッパでは、「告解」をつうじてキリスト教の支配を貫徹するために「贖罪規定書《しよくざい》」という、やってはいけない禁止事項のマニュアルがつくられた。この「贖罪規定書」では、現在の日本に沢山ある、大安に結婚式をするとか、三隣亡《さんりんぼう》の日には建前をしないなどといった俗信・迷信のたぐいが禁止されていた。

西欧社会では、キリスト教が浸透することによって、こうした俗信・迷信のたぐいは姿を消していった。じつは西欧流の社会が契約などの合理的な原理からできあがっているのは、こうした「呪術的なもの」を否定した歴史があったからである。しかし日本では、「世間」は相変わらず「呪術性」に満ちていて、まったく合理的なものではないのである。

以上、「贈与・互酬の関係」「身分制」「共通の時間意識」「呪術性」という四つの「世間」のルールを簡単に説明した。日本人だったら、きわめて几帳面にこうしたルールを日々守っている。そして「世間」の「ゆるし」と「はずし」の根底には、こうした「世間」のルールが存在しているのである。

つぎの章では、この「ゆるし」と「はずし」について考えてみたい。

第二章

「世間」における「ゆるし」と「はずし」

日本の犯罪率が低いわけ

（1）「排除型社会」への突入か

日本はもともと水と安全はタダだったのに、近年犯罪がふえ治安が悪くなっていると考えている人が多い。たしかに親による児童虐待死がしょっちゅう報道されるし、逆に親を殺すような犯罪も目立っている。「秋葉原無差別殺傷事件」のような無差別型の犯罪も、最近ふえているようにみえる。

こうした治安の悪化の理由として、かつてあったような「世間」のつながりがなくなり、人と人との関係が疎遠となったことで、それまで犯罪を抑止する働きをしてきた「世間の目」もなくなり、その結果犯罪がふえたのだと説明されることが多い。とくに日本では、ここ一〇年ぐらい、「世間」の「治安が悪くなっているという感じ」、つまり「体感治安」の悪化を背景として、厳罰化が進んでいる。

しかし、ほんとうにそうなのか？　ほんとうに日本では、かつてあった「世間」という共同体のつながりがなくなり、「世間」が解体し、その結果犯罪がふえ、治安が悪くなり、そのため厳罰化が進んだといえるのだろうか。

じつは厳罰化は日本だけの問題ではない。というより、世界的な問題が日本に波及したともいえるのだ。このことについてヤングは、世界の先進産業国で厳罰化への社会的変化があらわれる、二〇世紀終わりの三分の一にはじまるこの時代を、「後期近代」と名づける。その上で、それまでの同化と結合の「包摂型社会」から、分離と排除の「排除型社会」への転換があったとみる（J・ヤング『排除型社会』青木秀男ほか訳、洛北出版、二〇〇七年）。

この時期は西欧社会では、急激に犯罪率が上昇した時期であり、それは個人主義の台頭によるコミュニティの解体と、労働市場の再編によって発生した失業者の増大によって生じた「存在論的不安」によって起きたという。自らの地位が脅かされるかもしれないというこの不安が、犯罪の誘因となり、また犯罪者にたいする不寛容としてあらわれ、これが厳罰化につながったとする。

また、この厳罰化の背景には、先進産業国のそれまでの福祉国家的な政策から、新自由主義的な政策への転換があった。つまり犯罪を犯すのは福祉政策を十分におこなわない社会や国家のせいではなく、あくまでも自己責任、つまり犯罪者個人のせいだとされたのだ。

日本においては多少のタイム・ラグはあるが、九〇年代後半以降に、この福祉国家的政策から新自由主義的政策への転換があり、とくに二〇〇一年に登場した小泉政権は、構造改革・規制緩和路線として、この政策を徹底して進めた。第三章で詳しくふれるが、厳罰化が顕著に進んだのは、この二〇〇〇年代に入ってからである。

諸外国と比較して、日本でこの間犯罪が増加しているから、欧米と同じような厳罰化政策、とくに「割れ窓理論」に代表されるような、犯罪の機会に着目する新しい犯罪理論（環境犯罪学）にもとづく犯罪対策を、日本でも実施すべきであると主張しているのが、犯罪社会学者の小宮信夫さんである（小宮信夫『犯罪は「この場所」で起こる』光文社新書、二〇〇五年）。

「割れ窓理論」とは、それまでの犯罪論が犯罪者に焦点を合わせる「犯罪原因論」だったのにたいして、犯罪の機会を与えないことによって犯罪を未然に防ぐという、「犯罪機会論」の考え方である。つまり割れた窓が放置されているような場所においては、犯罪が生じやすくなるので、まず窓を修理して、犯罪がおきにくい環境をつくる必要があるとする。

小宮さんによれば、九〇年代以降欧米では、犯罪増加に歯止めがかかったが、日本では九七年〜〇一年の統計で、欧米とは逆に、暴力犯罪、侵入盗が増大している。それは、これまで日本の低犯罪率を支えてきた家族、学校、会社などの集団との一体化による安心感と、この集団に対する強烈な義務感が薄れてきたからだという。

つまり日本人のライフスタイルが、集団より個人を重んじるような「欧米化」が進んだために、犯罪発生率もまた、欧米のように増大していくであろうというのだ。ようするに小宮さんは、欧米化によって、それまでの日本の集団、すなわち「世間」が崩壊しつつあると考えている。そのために、欧米のような新しい「環境犯罪学」にもとづく犯罪対策を、日本でも実施すべきだという。

小宮さんは、最近「割れ窓理論」にもとづき、全国の学校で「地域安全マップ」づくりを普及する活動をおこなっている。学校の子どもたちは、学区のフィールドワークをつうじて、その地域で「不審者」がひそむ「危険な場所」を学習する。

このマップの作成は、大人たちを含む参加者の防犯意識を高め、崩壊しつつある地域コミュニティの再生をもたらすという。つまりこれは、崩れつつある日本の「世間」を、マップづくりによって再生しようという運動だといってよい。

しかし統計上、日本では犯罪が増加し、治安が悪くなっているとほんとうにいえるのか？　すでにこの問題については、多くの犯罪学者、犯罪社会学者の報告があり、戦後からのスパンで考えれば、日本の治安はむしろ良くなっていることが指摘されている。

たとえば犯罪社会学者の浜井浩一さんとT・エリスによれば、暗数（現実に発生した犯罪のうち、犯罪統計では把握されない犯罪数）の少ない殺人事件の発生件数をみても、一九五〇年代以降、一貫して減少傾向にある。殺人事件の検挙率も九五％水準を維持している。また暴力犯罪など比較的軽微な事件も同様の傾向である（浜井浩一／T・エリス「日本における厳罰化とポピュリズム」日本犯罪社会学会編『グローバル化する厳罰化とポピュリズム』現代人文社、二〇〇九年）。

暴力犯罪の近年の統計では、多少のデコボコがあって、小宮さんのいうような増加傾向がないではないのだが、それは警察の統計の取り方の変化によるとの説もあり、かならずしも実態を反映していない。

またもうすこし統計のスパンを短くとっても、結果は同じである。犯罪社会学者の河合幹雄さんによれば、七五年当時の殺人による死亡者数は年間一二〇〇人をこえていたが、〇七年では、半数以下の六〇〇人を切る水準となっている（河合幹雄『終身刑の死角』洋泉社新書y、二〇〇九年）。

他の先進産業国では、この時期から犯罪発生件数が増加しており、ヤングは先ほどの著書のなかで、これを説明する部分でわざわざ「おそらく日本を除けば」と、日本は例外ですと断りを入れているくらいである。

欧米では厳罰化に象徴される「排除型社会」への転換の背景には、こうした犯罪発生率の増大と治安の悪化があった。しかし、日本における厳罰化の背景には、そうした犯罪発生率の増加があったわけではない。

にもかかわらず、たとえば先ほどの浜井さんとエリスが指摘するように、この厳罰化によって、それまでの刑事裁判での謝罪とそれに続く寛大な措置という日本の伝統的構造が崩れ、寛容な社会から、そうでない社会へと、つまり「包摂型社会」から「排除型社会」へ転換したとされる。

しかしここで問いたいのは、ほんとうにいま日本社会は「包摂型社会」から「排除型社会」へと転換したのか、ということである。

現時点においても、日本の犯罪発生率は、他の先進産業国と比較しても、依然として圧倒的に低い。犯罪発生率でみると、〇八年の統計で、殺人については、アメリカは日本の約五倍、フランス、ドイツは約三倍、イングランド／ウェールズは約二倍である。窃盗についても、イングランド／ウェールズが日本の約四倍、アメリカ、フランス、ドイツは約三倍である（『犯罪白書（平成二二年版）』）。

ニューヨークにせよロンドンにせよベルリンにせよ、他の欧米のどんな都市でも、若い女性がひとりで真夜中に、そう危険も感じないで歩ける都市は、日本以外ではまずない。日本の治安は、欧米と比較して依然として圧倒的に良いのである。

とすれば、犯罪発生率の増大という背景抜きに、いったいなぜ日本において厳罰化が生じたのか。これにたいする答えは、あとで詳しく説明するが、日本の「世間」はもともと犯罪にたいして寛容であったわけではない、ということのなかにある。だからいま、日本社会がかつての寛容な社会から、厳格な社会へと変化したわけではない。

つまりもともと日本の「世間」には、「ゆるし」という包摂的側面と、「はずし」という排除的側面が存在し、犯罪者にたいしては、この二つの側面がつねにかかわってきた。

そしてこの「ゆるし」と「はずし」という二つの「世間」の側面が、日本の犯罪率の低さを支える上で大きな役割を果しているのだ。

では、この「ゆるし」と「はずし」とはいったいなにか。

(2) 日本人の「存在論的安心」

最近は「地域安全マップ」に熱心な小宮さんだが、一二年ほど前の九九年の『イギリス犯罪学雑誌』に、「日本の低犯罪率に関する文化的研究」と題する論文を発表している（Nobuo Komiya, A Cultural Study of the Low Crime Rate in Japan, British Journal of Criminology 39(3), 1999.）。

この論文は、彼がその後否定することになる、日本の犯罪率の低さの理由を、西欧社会と日本社会との比較検討をつうじて解明している。小宮さんは「世間」という言葉を直接つかっていないが、じつは内容は「世間」論そのものであるといってよく、たいへん参考になる。以下この論文を、「世間」論にかかわるかぎりで要約的に紹介しながら、「世間」の「ゆるし」と「はずし」について考えてみたい。

まず小宮さんは、日本の低犯罪率の理由を文化的要因にもとめる。明治期に日本は西欧法は輸入できたが、その精神を輸入できなかったために、伝統的生活に手をつけることはできなかったという。そのために、制度は西欧的であっても、その精神は伝統的なものというギャップをかかえることになった、と。

この小宮さんの指摘について「世間」論的にいえば、「世間」において「法」や「権利」が通用しないのは、明治期にはいってきた西欧近代の「法」や「権利」が、あくまでも表面的なものにとどまり、「世間」に浸透しなかったからである。法は、society としての社会の存在を前提としているが、社会は明治期に名前だけを輸入したものの、現在でも実体としてのsociety は存在しない。

その上で小宮さんは、日本における集団のつくり方は、会社や学校などの地域に根ざすローカルなものであるが、西欧においては趣味などの個人的志向に応じて集団がつくられる、と指摘する。

しかも日本においては、この集団にはウチとヨソという厳格な区別があるが、西欧においては、集団とその外部世界との境界がそれほど明確ではないので、ウチとヨソの区別がない。日本では、ウチ世界とその内部に存在する個人との境界は明確ではないが、西欧では逆に、集団と個人との境界ははっきり区切られているとする。

これは小宮さんの論文に掲載されているものだが、図1をみてほしい。

日本では、ウチとヨソを厳格に分けるものとして、その境界が太線の円で示されている。しかし、個人（Individual）とウチとの境界はあいまいなため、点線の円として示される。ところが西欧では、個人と集団（Group）との境界は太線の円であらわされ、はっきりと区別されるが、逆に集団と外部世界（Outside）との境界は点線の円であらわされ、あまり区別がない。ここでの矢印は、境界が希薄なため、矢印の向きに影響を与える関係があることを

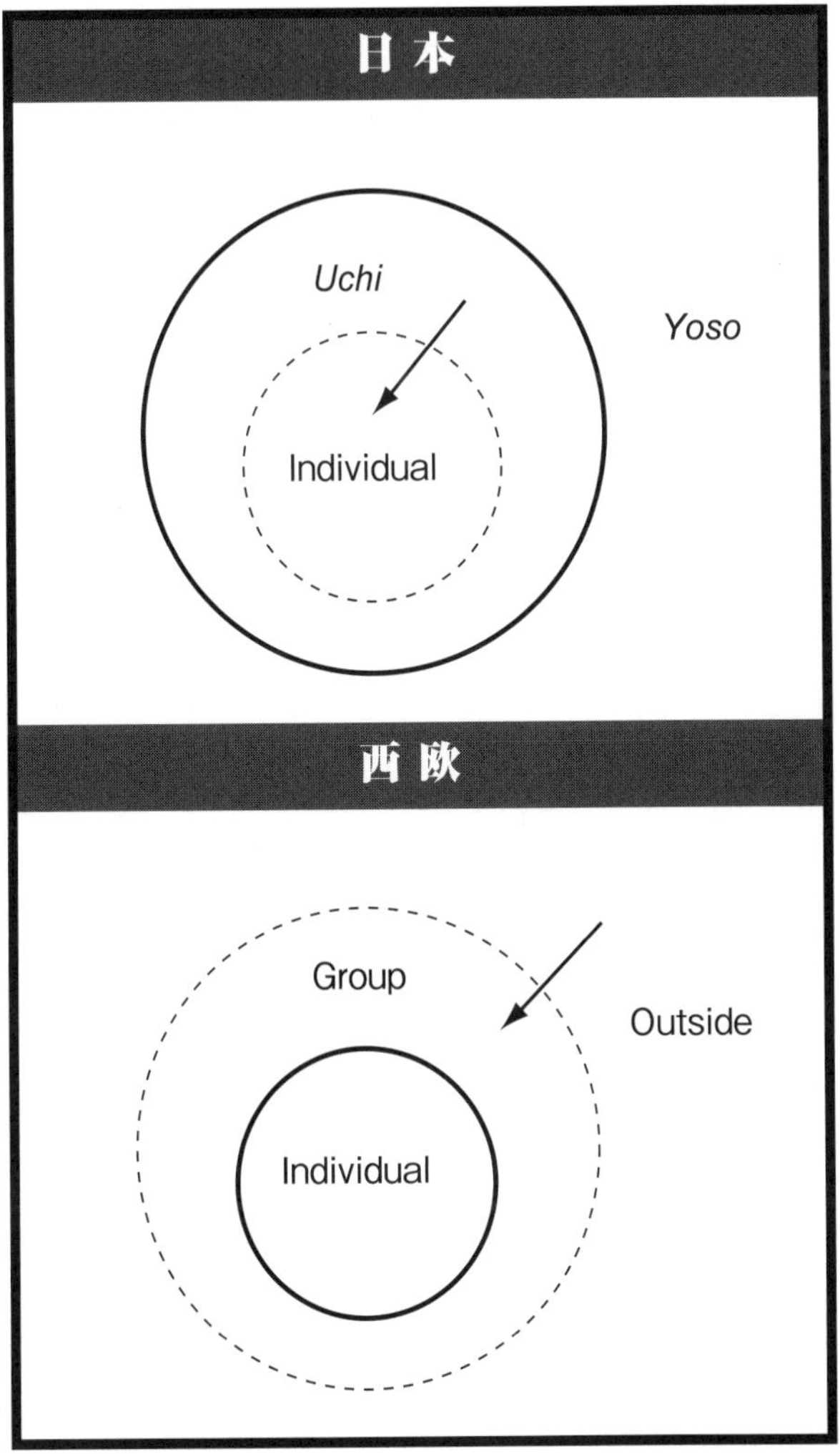
日本
Uchi
Yoso
Individual
西欧
Group
Outside
Individual

図1

示している。

この日本の集団におけるウチとヨソの区別という指摘は、きわめて重要である。

私にいわせれば、小宮さんは「世間」という言葉を直接つかっていないが、日本の地域や場所に根ざす集団という言葉を「世間」といいかえて考えれば、そのまま「世間」論になる。

すなわち、日本の集団である「世間」においては individual たる個人は存在しないから、「世間」とその構成員との間の境界はあいまいなものとなる。換言すれば、「世間」はいつも個人に干渉する。つまり、うるさい。しかも、ウチとしての「世間」と、ソト（小宮さんのいうヨソ）としての「世間」の外部との区別はきわめて明確である。

ところが西欧においては、individual たる個人が厳然と存在するから、これと society たる社会との境界は明確である。換言すれば、社会と個人はいつも対立する。対立関係が明確なため、社会も個人への干渉を最小なものにとどめる。しかも、一つの集団である社会と、その外部である社会との間には、ウチとソトの区別はないので、その境界はあいまいである。

小宮さんは、日本の集団が細かいルールをもたなければならない理由を、集団自身が地域に根ざすローカルなものであるがゆえに、もともと利害が異なる異質な者から構成されているので、細かなルールをつくり、集団に情緒的な参加をうながすことによって、集団を維持しなければならないからだという。また、集団を守るために、その構成員が他の集団に属することをきわめて嫌がる。

このルールのうちもっとも重要なのが「義理」である。「義理」を守り集団に包摂されることによって、人々は社会学者のA・ギデンズのいう「存在論的安心」（自分がここに存在している理由に自分で確信がもてること。これにたいして「存在論的不安」は、そうした確信がもてない不安のこと）を得ることができる。ウチとヨソを区別するために、ウチにおいてはこの「義理」の原理がはたらくが、ヨソにおける非構成員にたいしては、「義理」の原理がはたらかず、「法」や「権利」という原理を行使することになる。

これにたいして西欧の集団では、もともとローカルなものでなく、利害や趣味で一致している同質的な者から構成されているから、日本ほど細かいルールが必要ではないし、集団への情緒的参加をうながす必要もない。

またウチとヨソの区別がないために、集団のウチであってもヨソであっても、「法」や「権利」という原理がはたらくことになるとする。しかもひとつの集団の構成員は、ウチとヨソの区別がないために、複数の集団に属することができるという。

これも小宮さんの論文に掲載されているものだが、図2をみてほしい。

日本では、ウチとヨソを厳格に区別するために、個々の集団が島宇宙のように相互に孤立している。ここでは太線の円が、閉じられた集団の範囲を示している。点線の円で示された個人は、所属している集団に依存しているために、他の集団に属することは難しい。ところが西欧においては、太線の円で示される個人の範囲は明確だが、個人と個人がつくる集団は閉じられていないために、個人が複数の集団に属し、集団相互が重なり合うことが可能である。ここでは点線の円が集団の範囲を示し、それが閉じられていないことを示している。

以上の小宮さんの議論を「世間」論から考えてみよう。日本の「世間」がローカルなものであるために、異質な者からできているとする小宮さんの意見は興味深い。「世間」の同調圧力は、そこからくるというのだ。日本においては〈世間‐内‐存在〉において、「贈与・互酬の関係」「身分制」「共通の時間意識」「呪術性」といったきわめて細かい「世間」の暗黙のルールがあり、これを守らなければならないという同調圧力が生じる。

このルールのうち「義理」というのは、「贈与・互酬の関係」において贈与を受けた場合の、「お返し」しなければならない立場のことを意味する。また「世間」への情緒的参加が要請されるのは、個人の不在によって自他の区別がなくなるような共感の構造を、「世間」の「共通の時間意識」がもっているからである。

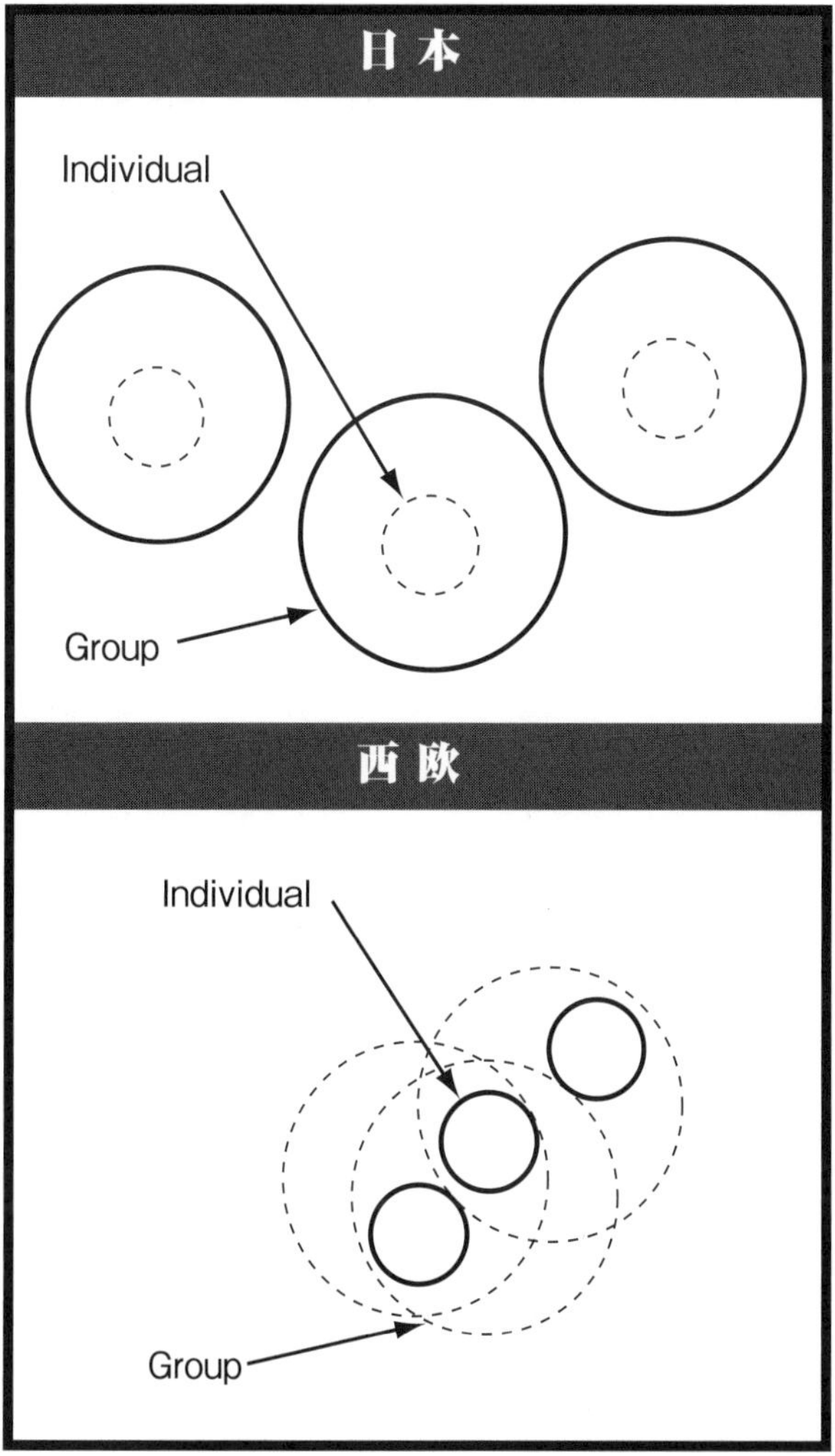

図2

日本人は酒を飲むと泣いたり暴れたりすることが多いが、西欧人にはあまりみかけない。日本人はいつも、「世間」にウチにある細かいルールを守ることを強いられているので、ストレスの量が半端ではないからだ。その「ガス抜き」のために、酒の席での「無礼講」がゆるされるのだ。

日本においては、〈世間‐内‐存在〉にとどまることによってはじめて、「贈与・互酬の関係」からくる「お互いさま」の関係といったような、さまざまな援助を得ることができ、自分が生きる上での「存在論的安心」を得ることができる。

たとえば会社で同僚の席にかかってきた電話を取るのは、自分が不在のときに同僚が自分への電話をとってくれるであろうという、「お互いさま」への期待がはたらくからである。ここには自分が困ったときには、同僚の援助を受けることができるという安心感がある。そして、たとえこうした細かいルールに反することをしたとしても、真摯に謝罪をおこなえば「ゆるし」を得て、「世間」に包摂される。

ところが日本では「世間」の外部に出る、すなわち〈世間‐外‐存在〉となったとたんに、ウチの細かいルールに従う必要はなくなるかわりに、「ヨソ者」や「赤の他人」として排除され、なんの援助も受けられなくなってしまう。つまり徹底的に「はずされ」てしまい、「存在論的不安」のなかにたたき込まれる。

日本人は「世間を離れては生きてゆけない」と固く信じているが、それは「世間」のなかでは個人として立っていないため、自己の存在理由が個人のなかにはなく、「世間」における地位、つまり身分によってしか保障されないからである。つまり日本人は、「世間」を離れてしまえば自らの存在根拠をうしない、「世間」においてある場所を与えられてはじめて、「存在論的安心」を得ることができるのである。

「旅の恥はかきすてて」とよくいわれるが、いったん「世間」のソトに出た場合に、「世間」の細かいルールに従う必要から解放されるので、「世間」のウチだったら恥をかくようなことであっても、「世間」のソトでは平気でやれるという意味なのだ。このようにウチとソトでは、道徳がダブルスタンダードになっている。

(3)なぜアメリカは訴訟社会なのか

「世間」のソトにおいて通用するルールは、唯一「法」や「権利」なのだが、日本人は「世間を離れては生きてゆけない」と思っているがゆえに、「法」や「権利」の行使で「存在論的安心」を得ることはできない。日本人が「法」や「権利」を自分から遠いものだと思っているのは、それが自分の生きる「世間」のソトでしか通用しないからだ。「存在論的安心」は、あくまでも「世間」のウチにあって得ることができるのだ。

第一章でのべたように阿部さんは、日本には現在でも society たる社会は存在しないという。小宮さんのいう西欧の集団とは、この society のことである。しかし日本の「世間」はこの society であるとはいえない。それゆえウチとソトを厳格に区別する「世間」においては、一人の人間が複数の「世間」に属することは難しい。

たとえば、ある人間が「日本野鳥の会」と「九州ワイン友の会」との両方のグループに属することは可能であろう。そこに、利害対立が生じる可能性はあまりないからである。しかし、学校でのクラスのなかで同時に複数のグループに属したり、子どもを同じ保育園に通わせているママ友同士で、複数のグループに属したりするのはなかなか難しい。ごく密接した関係なので、利害対立が起きる可能性が大きいし、なによりも、「世間」がウチとソトを厳格に区別して、「ヨソ者」を排除しようとするからである。

このように日本の「世間」は入れ子のような構造になっていて、利害対立がないかぎりで、人々は広い「世間」や狭い「世間」といった大小の「世間」に、重層的に所属している。しかし、ローカルな領域でつくられたもっとも身近な「世間」では、その構成員が「世間」に依存し、「世間」がウチとソトを厳格に区別するために、複数の「世間」に属することはきわめて難しい。

ところが社会としての西欧の集団であれば、ウチとソトの区別がないから、一人の人間が複数の集団に属することが可能である。社会である集団は、自由な独立の個人から成り立っていることが前提だからである。それゆえ、西欧の society たる集団においては、日本の「世間」にあるような細かなルールに従う必要はほとんどない。ただし、「法」とか「権利」といったルールが society たる集団をつらぬいているから、これには従わなければならない。「法」や「権利」が西欧人にとって身近なのは、それが自分が生きる社会としての集団において通用するものだからだ。しかし日本においては、揉め事がおきた場合に「法」の発動以前に、「世間」の細かいルールによって調整され、裁判になるようなことは稀《まれ》である。

日本では伝統的に訴訟をおこすことが、「訴訟沙汰」などとよばれて敬遠されてきた。たとえば車を運転していて人身事故に遭ったような場合に、相手に非があり不満があっても、「事を荒立てる」ことは嫌われ、最終的に訴訟をおこすようなケースは稀であり、ほとんど当事者同士の示談ですむ。

だが、西欧においては、こうした細かいルールが存在していないために、「法」や「権利」に訴えるしかない。アメリカなどが「訴訟社会」とよばれるゆえんである。

（4）家族、学校、会社での「ゆるし」と「はずし」

つぎに家族、学校、会社という日本の集団において、こうした「世間」の細かいルールがどのように貫徹しているのかを考えてみよう。

「世間」論の立場からいえば、日本の「世間」には細かいルールが存在し、それに従っていれば、たとえ多少のルール違反があっても、〈世間‐内‐存在〉として「ゆるし」が発動される。が、それに従わなければ、〈世間‐外‐存在〉として、「世間」から「はずされ」ることになる。

まず家族についてはどうか。

小宮さんは、日本の家族にはたくさんのルールが存在し、子どもはつねに両親の権威に従属し、両親の期待に応えなければならないという。そして子どもは、両親のコントロールを受け入れることによって、「存在論的安心」を得るという。

また西欧では子どもを育てるときに、子どもを部屋に一人にして寝させることで自立心を養うが、日本では身体的接触が多く、添い寝をしたり、四～五才までは両親とお風呂に一緒に入る。そのために、日本では子どもは親に極端に依存し、親の支配を受容する。つまり子どもの自立心が育ちにくい。これはじつは、一般にウチ集団への日本人の依存と、集団の細かいルールの受容の原型であるという。

小宮さんは面白い例をあげていて、アメリカでは、子どもが何か悪いことをしてしかる場合に、外出をさせないよと脅す。しかし日本では逆に、しかる場合に、家から外に締め出すよと脅す。これによって、日本人は家族のなかで、処罰とは、家族というウチ世界からの排除であることを学ぶのだという。

「世間」論的にいって、日本の子どもが親に極端に依存しているのは、親と子の関係が、歳をとってもずっと親と子の関係のままであり、西欧のように個人と個人との関係にならないからである。それは親と子が、お互いに独立した個人の時間ではなく、いつまでも同じ時間を生きているという意味で、「世間」の「共通の時間意識」が作動しているということである。

日本の子どもは親の支配に服従することによって、「存在論的安心」を獲得し、〈世間‐内‐

存在〉として生きる意味を獲得する。逆に何か悪いことをしでかした場合には、きちんと謝罪をおこなえば、「ゆるし」を得て、「はずし」に遭うことはない。

しかし謝罪がない場合には、ウチからソトに追い出され、家に鍵をかけられる。それは〈世間‐外‐存在〉となることを意味し、「存在論的不安」のなかにたたき込まれることになる。そうやって、子どもは〈世間‐外‐存在〉における「はずし」の怖さを学習することになるのだ。

歴史的に日本の家族は、もともと西欧流の近代家族のもつ「愛」の原理が希薄で、まわりの「世間」との境界がきわめてあいまいになっている。西欧社会では家族が「愛」の原理で子どもを守り、社会と対決することが原理的に可能である。しかし日本の家族は、つねに「世間」の浸食を受けやすい立場に置かれている。

これを象徴するのが、「世間体が悪い」という言葉である。日本の家族では、子どもをしかる場合に、よくこうしたいい方をするが、それは家族の原理である「愛」が、つねに「世間」からの浸食を受けていることを意味する。

そのために、第六章でふれるが、家族から犯罪者を出したような場合に、西欧社会とは異なり、日本では家族は「世間体が悪い」と考え、直ちに「世間」に謝罪しなければならない。「世間」のルールに従い謝罪しないかぎり、「世間」から「はずされ」、排除されることになるから、謝罪して「世間」の「ゆるし」を乞わなければならないのだ。

次に学校である。学校もまた、細かな「世間」のルールに支配されている。

小宮さんは、日本の学校の生徒は、制服の強制やヘアスタイルの規制などの細かい校則に縛られているという。しかもクラスの集会では、違反行為が教師から指摘されるだけでなく、本来仲間であるはずの生徒からも非難されるという。

また生徒は、「隠れたカリキュラム」によって自己を抑制することを学ぶ。ようするに学校は、非公式の社会的抑制を受け入れるよう、生徒に教え込む。つまり生徒は、教師に従属することを教えられ、その結果、教師に何か質問することすら躊躇《ちゅうちょ》するようになるという。

さらに、学校では、クラスを小さなグループに分け、掃除や学校行事などでお互いに競わせ、グループで失敗したようなときには、たとえ個人に責任がないような場合でも、グループの生徒全員に連帯責任を負わせる。そのことによって、生徒は仲間同士気を遣うようになり、利己的行動を慎むようになるという。

そういえば私は、小学校のときから運動会が死ぬほど嫌いだった。何年か前、フランスの学校では運動会がないという話を、子どもをフランスの学校に通わせていた友人から聞いて驚いたことがある。とにかく日本の学校では、運動会のように集団で何かをする学校行事がやたらに多い。

「世間」論の立場からいえば、「隠れたカリキュラム」というのがまさに「世間」のルールのことを意味する。日本の学校で、「子どもの権利条約」に明記されているような、「意見表明権」や「結社・集会の自由」などの「子どもの権利」が実質上認められないのは、そもそも一般に〈世間‐内‐存在〉において、「権利」や「人権」という概念が認められないからである。

責任ということでも、グループの行動に個人責任ではなく連帯責任をもとめるのは、江戸時代の縁座責任・連座責任とかわらない。これは近代社会の原理とはいえない。しかし学校では、この手の連帯責任がきわめて多い。

それは「世間」のルールでいえば、個人の時間ではなく、みんな同じ時間を生きているという「共通の時間意識」にもとづく行動であるといえる。つまり学校という「世間」において〈世間‐内‐存在〉であるためには、「共通の時間意識」というルールを守らなければならない。そうしないと「はずされる」からである。

また校則違反などの違反行為にたいしては、クラス集会で反省が求められ、真摯に反省すれば、「ゆるし」が与えられる。そのことによって、生徒はどのようにすれば、たとえ違反行為をおこなっても、〈世間‐内‐存在〉にとどまることができるのかを学ぶのである。

最近は「学級崩壊」に象徴されているように、この学校のルールがかならずしも十分に機能しなくなっている。それ故、自己抑制の機能も弱まっていることが指摘されることがある。

しかし第五章で詳しくのべるが、一見学校では「世間」が崩壊しつつあるようにみえるが、じつは小学校高学年ぐらいから、子どもたちがクラス内に小グループとしての「プチ世間」を形成し、子ども同士がお互い気を遣わなければならないという、新しいかたちの「世間」が登場している。つまり子どもたちの「親密圏における人間関係の濃密化」であり、「グループの島宇宙化」である。「世間」のルールの拘束性が弱まっているとはいえないのだ。

最後に会社である。

会社は一生の間で、日本人がもっとも長い時間を過ごすという意味で、とりわけ重要な場所であるといえる。ある意味で日本のサラリーマンにとっては、家族よりも、「存在論的安心」を得ることができる場所である。

小宮さんは、日本の会社は従業員に、終身雇用制や年功序列制、持ち家制度やさまざまな厚生施設などの保障だけでなく、非公式な人生相談をしたりすることができ、大きな家族に所属しているというような安心感を与えているという。つまり会社は、「存在論的安心」の基盤を与えているというのである。

そして日本の会社では、この「存在論的安心」とひきかえに、強い非公式のルールに服することを要求されるとする。たとえば、新入社員研修では、会社への忠誠心をたたき込まれる。また、家族抜きの海外への二〜三年の単身赴任にも従わなければならない。そうして若い労働者は「再—社会化」され、高度な自己抑制ができる労働者に育つ、と。

なーる。「世間」論の立場からいえば、会社もまた典型的な「世間」である。小宮さんのいう「会社への忠誠心」や「高度な自己抑制」の結果として、日本の会社では、西欧社会ではおよそ考えられないような、過労死や過労自殺が頻発《ひんぱつ》する。

会社では、「共通の時間意識」が作動するため個人の範囲がはっきりしない。そのため、個人の職務範囲である「職務分掌《ぶんしょう》」が不明確で、どこからどこまでが自分の仕事なのかがあいまいである。そのために「世間」で期待される几帳面な性格の人間ほど、他人の仕事を余分に引き受けてしまい、これが過労死や過労自殺の原因となる。

また会社では個人が存在しないために、「権利」を主張するのがむずかしい。たとえば日本の会社では、年次有給休暇を全部消化することは事実上できない。それが労働者の「権利」であるにもかかわらず、である。新聞記者で、夏休みに一ヵ月の有給休暇を取ってヨーロッパに取材旅行に行ったら懲戒処分となり、それを裁判所に訴えたら、最高裁で敗訴するという、徹底的な「はずし」に遭ったケースすらある（最高裁平成四年六月二三日第三小法廷判決）。

日本の伝統的な雇用関係である終身雇用制や年功序列制は、前者が会社が生涯の生活保障をするから従業員は会社に忠誠をつくせよなという、「贈与・互酬の関係」にもとづくものだし、後者は、年齢の上昇によって給料を上げるという「身分制」にもとづくものである。つまり「世間」のルールに沿うかたちで、社員に「存在論的安心」を与えてきたのだ。

しかし現在、この日本的雇用関係が「強い個人」を前提とする成果主義の導入によって崩壊しつつあり、そのことが職場のうつ病の増加など病理現象をもたらしている。「強い個人」はもともと社会の存在を前提としたものであって、日本の「世間」では存在しえないものであり、成果主義自体が「世間」にとっては無理難題というべきものなのだ。

さらに「世間」はウチとソトをはっきりと区別する。そのために、小宮さんもいっているが、社員である間は毎日のように飲み歩いていた同僚が、いったん退職して会社との関係が切れると、なんの連絡もしてこなくなる。「世間」における人間関係が、個人と個人の関係ではなく、いわば会社員という「世間」のなかの身分にもとづくものだからである。

つまり退職するということは、その人間が会社という〈世間 - 内 - 存在〉から〈世間 - 外 - 存在〉に移動し、「はずされる」ということだから、会社という「世間」のウチでどんなに親しい間柄であっても、ソトに行ってしまえばたんに「他人」あるいは「ヨソ者」にすぎない。

日本では夫が退職したあとで、妻と二人きりの生活になり、精神的にボロボロになり、急速に認知症になったり、DVにはしったりすることが多いのは、自分が所属していた会社という「世間」からはずれ、それまでの「存在論的安心」をもつことができた地位をうしなってしまい、「存在論的不安」のなかに置かれるからである。

(5)カネ遣いが荒くなったらチクられる理由

日本の犯罪率が低いのは、そこに「世間」における「ゆるし」と「はずし」の力学が作動しているからである。

小宮さんは、日本の集団においては、ウチとヨソ(ソト)を分離し、ウチ世界において

「存在論的安心」を得るかわりに、さまざまな細かい抑圧的ルールに従うことによって、自己抑制をなしとげることが、犯罪抑止力となっているという。これにたいして、西欧においては、集団が個人の特性による結びつきによってつくられていること、内部のルールが弱いこと、行動の自由を重んじているために、犯罪抑止力を弱めているという。

つまり日本人は、ウチの集団から排除されないために、きわめて几帳面に沢山のルールを守っている。そのことで集団からの庇護を受け、「存在論的安心」を得ることができる。そうして犯罪防止の力を内面化することに成功しているとする。

日本で犯罪にはしる可能性がもっとも大きいのは、ヨソに排除されたときである。しかし日本人は、ウチ世界から排除されないようにつねに他人の視線を意識しているために、ヨソに排除されることは稀であるという。

これにたいして西欧の集団においては、ウチとヨソの区別がなく、集団は社会と通底しているために、日本の集団におけるような細かいルールが作動しないし、自己抑制をおこなう契機がない。つまりルールよりも個人的自由のほうに価値が置かれる。そのために、犯罪を抑止する契機が集団に存在しない、と。

それゆえ、日本では、西欧でノーマルな行為とみられるものでも、逸脱とみなされる。ましてや西欧でも逸脱とみなされる行為は、つよく否定される。つまり小さな犯罪でもみのがされないと小宮さんは語る。

そして、西欧においては、日本のようなウチ世界における非公式なルールが存在しないから、犯罪抑止政策は、個人の責任概念を重視し、犯罪がおきたあとの処罰に頼ることになる。しかし、日本において、犯罪抑止は、犯罪がおきる前に、ウチ世界における非公式ルールによる予防に重点が置かれる、と。

この小宮さんの議論を読んでいると、まるで日本の「世間」では、とうの昔に「割れ窓理論」を実践しているかのように思えてくる。「服装の乱れは非行のはじまり」などとよくいわれるが、「世間」は、法律には書いていない細かなルールを日常的に発動し、人に守らせることによって、つねに犯罪発生を予防しているのだ。

この点で河合さんが、つぎのような面白いことをいっている。

すなわち、諸外国と比較しても、防犯という意味では日本は無防備だといってよいが、盗むのは容易でも、じつは盗んだものが使えない。なぜかといえば、日本の世間は、だれかが人知れず金持ちになることを許してくれないからである。だれがどの程度収入があるかは、隠せないのである。

こうしたなかで警察は、最近近辺で金遣いが荒くなった人物を探して「オマエダロ」とやる。つまり、世間の力と警察力が連携することによって、諸外国とは桁違いに犯罪の少ない社会が保たれている、と（『終身刑の死角』）。

「世間」が人知れず金持ちになるのを許さないのは、「共通の時間意識」があるためである。「共通の時間意識」は個人の不在と人間平等主義を意味するから、ちょっとでもまわりとちがう人間がいると、「出る杭は打たれる」ということになる。

しかし「世間」には、経済的なものをはじめとして格差が厳然と存在する。しかも、「身分制」という「世間」のルールも存在する。そのために、「世間」はロコツな格差や競争は隠蔽《いんぺい》しようとする。しかし意識としての人間平等主義と、現実としての「身分」（格差）との間に「ねじれ」が生じ、そこから独特の「妬み」の意識が発生する。

アメリカなどでは高額の宝くじを当てたようなときに、堂々実名でメディアに登場して、「お金は両親にあげたいです」なんて笑顔で語っているシーンがよくある。しかし、日本の宝くじの高額当選者が絶対に名前を明かさないのは、明かしたとたんに「世間」からひどく妬まれ、とんでもなく不利な状態に置かれることがわかっているからである。

そのために、お隣の人間がいきなり金遣いが荒くなったりすると、もともと「世間」にあった「妬み」の意識に目覚め、お隣のことをいろいろ詮索しはじめる。場合によっては警察にチクる。つまり盗んだお金は、うっかりつかえないのだ。

この場合「お金持ちになる」ということは、「出る杭」になるということであり、「世間」から「はずされる」可能性が生まれる。〈世間 - 内 - 存在〉であり続けるためには、「世間」のルールを守り、ハデにお金をつかったりしないで「謙虚」に生きることが大事である。このような「世間」のルールをみんな内面化しているために、それが犯罪抑止力になりうるのだ。

さらに河合さんはいう。

殺人を犯した刑務所からの出所者の行き先を調べた調査によれば、数十件中の一件、大地主の人物を除いて、全員が出身地に帰れず、その家族ごと故郷を出ている。つまり、犯罪者は世間から家族ごと永久追放になっている。欧米の刑罰思想からいえば、刑罰は適正な手続きを通じて、裁判で国家によってしか科すことができない。それなのに、世間がいつまでも犯罪者を懲らしめ続けるのは、法学の考え方からすればとんでもないことである、と（『終身刑の死角』）。

これは「世間」のルールとして「呪術性」というものがあるために、犯罪者はケガレたものとみなされ、法的に罪をつぐなっていようと、〈世間‐外‐存在〉として「はずされ」、排除されることを意味する。

次章で再度ふれるが、犯罪をケガレと考える意識は、きわめて古い時代の意識であるといえる。古い時代の共同体は、科学技術が発達している今日とはちがって、自然災害や飢饉などの不測の事態によって、人々のつながりが簡単に壊れてしまうような脆弱さをもっていた。そのため犯罪も、たんに個人の利益を侵害する行為ではなく、人々の間の絆を汚し、共同体の秩序を崩壊させる行為としてとらえられた。すなわち、犯罪が共同体の絆を棄損《きそん》するケガレととらえられたのである。そして、犯罪者を処罰することによってはじめて、ケガされた共同体の秩序が回復すると考えられた。

ヨーロッパ社会でも古い時代には、こうした犯罪をケガレととらえる呪術的な意識が存在していた。しかし、一二、三世紀以降キリスト教の支配とともに、キリスト教の教義に反する呪術的な俗信・迷信が否定され、こうしたケガレの意識も否定された。日本にケガレの意識がのこったのは、このようなキリスト教の支配の歴史がなかったからである。

日本ではこのように犯罪がケガレとしてとらえられるために、犯罪者の親族などの関係者や、犯罪者に関係するモノまでもが、忌むべきケガレとみなされる。これが近代以前には、集団責任としての縁座責任・連座責任としてあらわれたのである。

近代刑法は、このような集団責任の原理を否定し、個人責任の原理を確立して、犯された犯罪の責任を個人に限定した。だが、日本の「世間」においては、現在でも古いケガレの意識が「呪術性」としてのこっているために、一種の縁座責任・連座責任として、家族にもその責任が及ぶのである。近代刑法の原理から考えれば、家族にはなんの責任もないのだが、それでは「世間がゆるさない」のである。

河合さんもいっているが、このような「世間」の厳罰志向は今にはじまったものではなく、伝統的なものである。最近とくに「世間」が犯罪者にたいして厳しくなり、そのために厳罰化が生じたわけではないのである。

(6) 実刑になるのはわずか一・八%

もともと「世間」は犯罪者にたいして、かれらを〈世間 - 外 - 存在〉のものとしてとらえるという意味で、けっして寛容ではなかった。ところが面白いことに、〇九年の統計で交通事犯を含めて、日本では年間一六四万人ほどが検察庁に新規受理されたが、そのうち検察官によって正式起訴された者はわずか七％の一二万人にすぎない。

起訴前の段階では、正式起訴される者以外に、不起訴（起訴猶予を含む）が五六％の九三万人、略式命令で罰金または科料《かりょう》になるのが二七％の四四万人、ほかに少年事件での家裁送致が九％の一五万人ほどいる。つまり、不起訴と略式命令で八三％以上を占めていることになる。

正式裁判になっても、〇九年の裁判確定人員五〇万人のうち、その八六％が罰金刑であり、懲役・禁錮は一四％にすぎず、しかもその半分以上に執行猶予がつき、刑務所に行かなくてすむ。裁判で実刑になり、刑務所に行くのはわずか三万人で、これは年間に検察庁に新規受理された者全体の一・八％にすぎない。また死刑や無罪となる者は、きわめて少ない（『犯罪白書（平成二二年版）』）。

どうだろうか。一般に考えられているより、犯罪をおかしても最終的に刑務所に入る者は、きわめて少数なのだ。

ようするに日本の刑事司法においては、逮捕されても起訴前には、不起訴か、正式裁判を受ける必要のない略式命令（被疑者の同意が必要だが）で罰金または科料の処分になり、「ゆるされる」可能性がきわめて大きい。第六章で詳しくふれるが、この「ゆるし」の手続きにおいて大きな役割を果たしているのが、検察官の「起訴便宜主義」である。たとえ正式裁判になったとしても、罰金刑ですむ場合がほとんどである。また懲役・禁錮となっても、執行猶予がつき刑務所に行かなくてもよい場合が半分以上であり、「ゆるし」が発動される。最終的に実刑となるのは、検察庁に受理された者全体の一・八％であり、逆にいえば残り九八％は、なんらかのかたちで実刑にならずに「ゆるし」を受けていることになる。

また万引きなどの軽微な犯罪の場合には、送検すらされず、弁済や謝罪をすれば「ゆるし」てもらえることが多い（微罪処分という）。また不幸にしていったん刑務所に入っても、更生の見込みがある場合には、仮釈放制度が活用され、できるかぎり早く出される。長く入れておけばおくほど、更生が難しくなるからである。

つまり歴史的に日本の刑事政策は、河合さんのいう「なるべく刑務所には入れない、入れてもすぐに出す」（『終身刑の死角』）という原則で運用されてきたのである。

このように日本の刑事司法においては、通奏低音のように、真摯に謝罪する者にたいしては「ゆるす」という原理が貫徹しているのだ。

ようするに刑事司法の内部としての〈世間 - 内 - 存在〉においては、犯罪者にたいして

「まあ、ゆるしてやるか」という「ゆるし」の力学がはたらくのである。それは、警察・検察・裁判所・刑務所が、被疑者・被告人・受刑者を刑事司法という自分たちの「世間」のウチ側の存在としてとらえていることに他ならない。

以上のように、日本の犯罪率の低さは、「世間」の「ゆるし」と「はずし」という独特のシステムがもたらしている。つまり日本人は、〈世間‐内‐存在〉であるかぎりは、「ゆるし」の発動などによって「存在論的安心」をもつことができるが、いったん〈世間‐外‐存在〉となってしまえば、徹底式な「はずし」に遭い、「存在論的不安」のなかにたたき込まれる。

日本人はつねひごろ「世間を離れては生きてゆけない」と思っており、そこから排除されないために、「世間」の細かなルールを守ることが、なによりも優先されることをよく知っている。「贈与・互酬の関係」「身分制」「共通の時間意識」「呪術性」という「世間」のルールを日常的に守ることが、その人間の人格評価につながるからである。

「世間」のルールを守るかぎりにおいては、〈世間‐内‐存在〉として、「世間」に包摂されるが、犯罪などをおかして「世間」のルールを破れば、ケガレとみなされて〈世間‐外‐存在〉として徹底的に排除される。刑事司法の内部においては、真摯に反省し謝罪すれば「ゆるし」を受け、「世間」に再包摂されるが、犯行を否認するなど、反省や謝罪がない場合には「はずし」に遭い、「世間」から完全に排除される。

この「世間」の「ゆるし」と「はずし」の力学が、先進産業国のうちでももっとも低い日本の犯罪率を支えているのだ。

だから結論的にいえば、日本の社会が、突然近年になって「包摂型社会」から「排除型社会」にかわったわけではない。それは、もともと「世間」がもっていた厳罰志向が前景化したことによるものである。とはいえ、九〇年代後半以降、日本では厳罰化が進んでいることもたしかである。

ではこの日本における厳罰化の実態は、どのようなものであったのか。これが、つぎの章の課題である。

第三章

「はずし」としての厳罰化

「後期近代」への突入か

（1）厳罰化が進む日本

前章では、日本における「ゆるし」と「はずし」のおおまかな構造についてのべた。そこでは、日本社会がかつてもっていた「世間」という共同体が解体し、犯罪者に寛容な「包摂型社会」から不寛容な「排除型社会」への転換があり、その結果として近年の厳罰化が進んだという議論に、疑問を呈しておいた。

すなわち、厳罰志向は、もともと「世間」が伝統的にもっていたものであって、そうした「はずし」の側面が近年前景化、つまり社会の前面にあらわれただけである。したがって「世間」という共同体が解体し、「ゆるし」から「はずし」への転換があったわけではない。

とすれば、「世間」による〈世間‐外‐存在〉への「はずし」の発動といえる、近年の日本でおきている厳罰化は、いったいなぜ生じたのか？　本章ではこのことを、少し詳しく考えてみたい。

日本ではとくに九〇年代後半以降厳罰化が生じているといわれる。河合さんは、八〇年代から現在にいたるまで、ざっとみて裁判での量刑が倍になったとみなせるほど、刑期がどんどん長くなっているという。しかもそれは、犯罪の内容自体が凶悪化したのではなく、同じような犯罪にたいする量刑の相場がどんどん長くなっているという（『終身刑の死角』）。また立法上も、とくに二〇〇〇年あたりから厳罰化を意味する法律改正のラッシュが続いている。これを具体的にみておこう。

まず二〇〇〇年の少年法改正では、少年に刑罰が適用できる年齢を一六才から一四才に引き下げた（施行は〇一年）。また、〇一年の刑法改正で危険運転致死傷罪が新設され、それまで業務上過失致死罪で罰せられていた行為の一部が、故意犯として、致死で一年以上の有期懲役、致傷で一〇年以下（〇五年より一五年以下）の懲役という、さらに重い刑罰を科せられることとなった。

また〇五年の刑法改正では、刑法の有期懲役・禁錮の上限を一五年から二〇年に引き上げ、併合罪等で刑罰が加重された場合に、その上限を二〇年から三〇年に大幅に引き上げた。さらに、強制わいせつ罪、強姦罪、傷害罪の法定刑が引き上げられた。この刑法改正はたんなる部分的改正ではなく、実質的にほとんど全面改正といえるような、きわめて重大な変更であった。

さらにこれは第四章で改めてふれるが、〇一年の「大阪教育大学附属池田小事件」の衝撃を受けて、実質的に保安処分（社会的危険行為をおこなうおそれのある者にたいして、その危険性を除去するためにおこなう処分。人権侵害との批判がつよい）といえる心神喪失者等医療観察法が〇三年に成立し、〇五年に施行されている。

これらの大規模な刑法改正等の背景にあったのは、九〇年代以降の一連の犯罪被害者家族の運動の展開であり、それにたいする「世間」の同情と共感の拡大である。とくに〇一年の危険運転致死傷罪の新設は、九九年の東名自動車道における交通事故で二人の子どもを失った遺族などの署名活動や、メディアの報道、それにたいする「世間」の圧倒的な支持によるものであった。さらに犯罪被害者の問題をめぐっては、〇五年に犯罪被害者等基本法が施行された。

〇八年には、犯罪被害者の公判への出席、検察官の権限行使に意見をのべること、証人や被告人への質問など、裁判に被害者が直接関わることが可能となった。さらにこの年には、少年法改正によって、殺人などの重大な事件で、被害者家族の審判傍聴を認め、裁判所書記官らから審判の状況の説明も受けられるようになった。

とくに一〇年には、「逃げ得を許していいのか」という合言葉のもと、犯罪被害者家族の運動の展開と、これへの「世間」の支持を背景として、殺人事件などの重大犯罪についての時効廃止を内容とする刑事訴訟法等の改正が成立した。

　この改正は、わずか五年前の〇五年に、殺人事件の時効がそれまでの一五年から二五年に延長されていたにもかかわらず、しかも約四週間という異例に短い国会審議しかなされずに成立した。また、一五年前におきた個別の事件に適用するために、国会での可決・成立したその日のうちに即日施行するという、きわめて異例の過程をたどった。

　ところでこの改正には、施行された時点で時効が完成していない犯罪にも適用されるという、とんでもないオマケもついていた。一応刑法学者の私にいわせれば、これは明らかに憲法三九条の「刑罰不遡及《そきゅう》」の原則、つまり刑罰法規が成立しても、成立以前の行為には適用できないとする原則に違反している。

「刑罰不遡及」の原則は、「法律がなければ犯罪と刑罰は存在しない」という近代刑法の大原則である「罪刑法定主義」から派生している。この「罪刑法定主義」は、西欧近代国家の形成のさいに、君主の刑罰権の恣意《しい》的運用を制限するために近代刑法に規定されたものである。

　刑罰法規が制定される以前の行為にまで適用されれば、行為時点で犯罪ではなかったものにまで法規が適用されることになる。このような法の恣意的運用が権力によってなされれば、市民の人権侵害につながると考えるものであり、憲法三九条はそれを明文化したものである。つまりこの法改正は、「罪刑法定主義」に反し、憲法違反の疑いが濃厚なのである。

当時、日弁連や多くの学者が反対していたにもかかわらず、なぜこんなムチャクチャな法改正があっという間に通ったのか?

それは、時効廃止を訴える犯罪被害者家族を圧倒的に支持する「世間」の空気のもとで、支持率の下落が止まらない民主党政権が、人気回復と支持率の上昇をねらって、かつての自民党案とほとんど同じ内容にもかかわらず、法改正を強行したからである。

日本ではいったん「世間」の空気がある方向に醸成されると、この「世間」の空気には、だれも逆らうことができないのだ。みんな「世間を離れては生きてゆけない」と思っているからである。日本人は、「世間」から「はずされる」ことを極端に恐れている。

その結果生じるのが、あとでのべるように、日本的なペナル・ポピュリズム(処罰における大衆迎合主義)である。

(2)死刑制度のもつ呪術性

さらに一般の犯罪の量刑の厳罰化だけでなく、実際に二〇〇〇年あたりから、重大犯罪にたいする死刑や無期懲役の判決も増加している。

とくに死刑は、二〇〇〇年代後半になって宣告数も執行数もふえている。二〇〇〇年〜〇三年に新たに死刑を宣告された者が一五人であったのにたいして、〇四〜〇七年の間には六九人が新たに死刑を宣告されている。また死刑執行についても、それまで年一桁台であったにもかかわらず、〇七年八月〜〇八年八月の間に、当時法務大臣だった鳩山邦夫さんは、一三人の死刑執行をおこなった。

一〇年七月には、政権交代後初めて、死刑廃止論者だった（はずの）千葉景子法務大臣によって、二人の死刑囚に死刑が執行された。政治家に「信念」をもとめるほうが間違っているのかもしれないが、「告解」という歴史的経験のない日本において、「信念」にもとづいて「世間」の空気に逆らうことがいかに難しいかを示しているといえる。

先進産業国で死刑を存置《そんち》しているのは、日本とアメリカの一部の州ぐらいになっているが、日本の「世間」は圧倒的に死刑制度を支持している。日本では世論調査をすれば、いまでも八割前後が死刑制度の存置を支持する。その割合は年々ふえる傾向にある。

なぜ日本の「世間」は、圧倒的に死刑を支持しているのか？

作家の辺見庸《へんみよう》さんが、その死刑廃止論のなかで面白いことをいっている。すなわち、日本の死刑はじつに不思議で呪術的なしきたりにしたがっておこなわれていて、これは明らかに他の死刑存置国とは異なっている。刑場の位置や刑場において死刑囚が立たされる地点は十二支でいう丑寅《うしとら》、北東の方向に定められている。丑寅は鬼門であり、それは穢《けが》れが立つ場所としてある、と（辺見庸『愛と痛み』毎日新聞社、二〇〇八年）。

きわめて興味深い話である。これまでのべてきたように、「世間」は、俗信・迷信のたぐいがたくさんあり、「呪術性」にみちている。たとえば友引の日はお休みになる火葬場が多い。公的機関だからといって、この「呪術性」という「世間」のルールをまぬがれているわけではないのだ。したがって、死刑の執行も呪術的なものとなる。

「呪術性」をもつがゆえに、犯罪もたんに法律に違反する行為としてではなく、「世間」にとってケガレとしてとらえられる。ケガレというのは、〈世間‐外‐存在〉として「はずし」の対象となることを意味する。処罰はそのケガレにたいするミソギとしての意味をもつ。

犯罪はまた、近代的な意味での法益（法律上の利益）侵害行為として、個人責任を問われるのではない。「世間」において犯罪は、共同体棄損行為として、つまり「世間」という共同体の秩序を否定するケガレた行為としてとらえられる。ミソギとしての刑罰は、犯罪行為によって壊された「世間」の秩序や人と人とのつながりを元に戻すという意味をもつ。

それはちょうど、阿部さんのいうように、ヨーロッパ中世の時代に、一人の娘が強姦された場合に、犯罪によってこわされた人的結合の絆を回復させるために、強姦された娘は犯人の胸に杭を打ち込み、犯人を土の下に埋めることによって、純潔を取り戻し、元の人間関係に戻ることができたのと同じである（阿部謹也『刑吏の社会史』中公新書、一九七八年）。

「世間」において犯罪者は、忌むべきケガレとして、〈世間‐外‐存在〉として「はずし」の対象となる。それは、〇六年の「秋田連続児童殺害事件」の元被告人の女性の家が事件後取り壊されたり、九八年の「和歌山毒物カレー事件」の元被告人の夫婦の家が放火で全焼し、焼け跡が公園になっていることを考えればわかりやすい。

住んでいた家までが、いわば「処罰」の対象となるのは、一種の縁座責任・連座責任といってもいいが、それが忌むべきケガレとして、〈世間‐外‐存在〉として排除されるべきものとみなされるからである。

日本の死刑制度は、このケガレとミソギという「世間」の「呪術性」の、いわば中心をなしている。他のヨーロッパの先進産業国と異なって、日本の「世間」で死刑制度が圧倒的に支持されるのは、その「呪術性」のゆえにほかならない。

つまり、近年の死刑判決や執行数の増加は、「世間」が寛容の「包摂型社会」から不寛容の「排除型社会」に転換したからではなく、「世間」がもともともっていた「呪術性」にもとづく厳罰志向が前景化したからにほかならない。この「世間」がもつ意識は、ヨーロッパ中世におけるような、きわめて前近代的なものであるともいえる。

(3) 西欧社会における「後期近代」への突入

厳罰化に代表される「排除型社会」への突入という、西欧でおきたこの変化について、ヤングはつぎのように語る。

すなわち、一九六〇年代には逸脱にたいして無節操なほど寛容であった人々とまったく同じ人々が、九〇年代になると、今度はビクトリア朝の登場人物のように不寛容になった、と。つまり寛容から不寛容へという劇的な変化があったという。

すでに簡単にふれたように、ヤングは二〇世紀の終わりの三分の一の時代を「後期近代」とよんで、それまでの時代と区別する。西欧社会の厳罰化は、急激な犯罪発生率の増加を背景として生じた。この時代に「排除型社会」が西欧で登場した理由について、ヤングはつぎのようにいう。

まず第一に六〇年代から七〇年代にかけて、個人主義の台頭によって私的空間が拡大し、コミュニティの解体がおこり、これらが他者を排除することにつながったこと。そして第二に、八〇年代から九〇年代にかけて、労働市場の再編による失業者の構造的な増大と、それによって増加した犯罪を制御することで、他者の社会的排除がおきたためであるとする。

しかも、六〇年代から七〇年代中葉の完全雇用が実現した時代に犯罪発生率の増大が生じており、これは「犯罪は劣悪な社会的条件から生じる」と主張する社会的実証主義の考え方では説明がつかないとする。

結局ヤングは、誰しもが平等になると、それまで以上に小さな差異が気になるという平等のパラドックス、すなわち「相対的剥奪感」にその理由があるという。しかも、この「相対的剥奪感」が個人主義と結びついたことによって、「ホッブズ的無法地帯」をつくりだしたとする。

そして、犯罪発生率の増加にたいして、それまでの犯罪者に焦点をあわせる福祉国家的な「犯罪原因論」の犯罪対策では効果がなく、「何をしても無駄」というスローガンすら生まれたという。じっさいに、一九五五年から九五年の間に、イングランド／ウェールズでは犯罪発生率が一一・五倍になり、暴力犯罪は二〇倍まで激増した。このなかから生まれたのが、すでにふれたような「割れ窓理論」などの環境犯罪学の犯罪防止策である（『排除型社会』）。

社会思想史を専攻する大竹弘二さんによれば、この環境犯罪学の防止策においては、犯罪発生の確率が最小化するように、人々の行動パターンを規定するような環境デザインが問題となる。また、それが対象とするのは、どのような人間が犯罪者となるのかという犯罪原因論的な犯罪者ではない。ここで問題になるのは、ある環境において一定の確率で不可避的に生み出される偶然的偏差としての「犯罪の出来事」（D・ガーランド）にすぎない。

つまりここでは、統計的な手法がとられることで、福祉国家のなかで実現してきた矯正《きょうせい》や、教育や、治療の対象となる犯罪者が消滅している。いいかえれば、犯罪者の個々の事情、社会的背景などどうでもいいことになる。そこで犯罪がおきる確率だけが問題であり、そこでおきる犯罪をいかに抑止するかだけが問題となる。そうなると犯罪者は、たんなる「応報的処罰の対象」にすぎなくなる（大竹弘二「処罰と正常性」『現代思想』二〇〇八年一〇月号）。

このように、「割れ窓理論」に代表される環境犯罪学は、犯罪の原因として犯罪者をとりまく社会的な条件を考慮することをやめ、犯罪現象そのものに焦点をあてる。すなわち、犯罪者の個々の事情、ひいては犯罪者そのものを考慮することをやめる。

すでにのべたように、この変化の背景にあったのが、アメリカ型グローバリズムの展開による、先進産業国でのそれまでの福祉国家的政策から新自由主義的な政策への転換である。そこでは社会的背景が捨象され、「自己責任」が強調される。日本においてこの傾向がはっきりとあらわれたのが、九〇年代後半以降、とくに〇一年の小泉政権以降の規制緩和と構造改革路線である。つまり「後期近代」への突入である。

ただし、何度もいうが、ヤングが「おそらく日本を除けば」といっているように、この時期に日本の犯罪率は上昇していない。日本は一九五〇年代以降、犯罪率は一貫して減少している。この傾向は現在でも変わらない。

そうだとすれば、日本で厳罰化が生じたのはいったいなぜか？

(4) 死刑判決に拍手と歓声

西欧諸国においては、厳罰化を推進したのがいわゆるペナル・ポピュリズムといわれるものである。日本におけるペナル・ポピュリズムの典型とされるのが、九九年四月におきた

「山口県光市母子殺害事件」である。

　この事件は九九年当時一八才になったばかりの少年が、二三才の母親と一一ヵ月の女児を殺害したというものだった。少年は、山口地検によって起訴され、二〇〇〇年三月に山口地裁で無期懲役の判決がいいわたされた。これは通例の少年事件であれば、それまでの量刑相場からいって、ほぼ妥当といえる内容の判決であった。

　しかしこの事件では被害者の夫がメディアを通じて、「人を殺した者は、命をもって償うべきだ」と少年の厳しい処罰を求め、ワイドショーなどのメディアの集中砲火的な報道もあって、「世間」の圧倒的な支持を得た。

　こうしたときに「世間」は、もともとある「共通の時間意識」、すなわち個人が存在せず、自他の区別があいまいな「みんな同じ時間を生きている」という意識によって、事件を「もし自分におきたことだったら」と「我がこと」のように考える。その結果として、〈世間-内-存在〉にある被害者家族に同情し、共感し、過剰に同調する構造をもっている。

　つまりこうしたときに、犯罪被害者家族への圧倒的な同情と共感の空気が醸成される。「世間」はこの空気にきわめて流されやすい。しかもいったんそうした空気が醸成されると、空気に逆らうような一切の批判がゆるされなくなる。そのためこの少年は、事件について一片の反省もない一種のモンスターとして描かれ、〈世間‐外‐存在〉として「世間」の厳しい「はずし」の対象となった。

　無期懲役の地裁判決にたいして、検察側が死刑を求めて控訴、しかし〇二年三月に広島高裁は控訴を棄却した。さらに検察側は上告し、最高裁は〇六年四月に弁護側の反対を押し切って弁論をおこない、死刑を選択しない特別の斟酌《しんしゃく》すべき事情がない場合は死刑を回避すべきではないとして、同年六月原判決を破棄し、広島高裁に差し戻した。

　最高裁がこの事件を高裁に差し戻したのは、まさに少年に厳罰を求める「世間」の空気を読んだからにほかならない。

　この間、新しく結成された弁護団は、メディアによってモンスターを弁護する「社会の敵」として描かれた。さらに当時テレビのコメンテーターであり、のちに大阪府知事となる橋下徹弁護士は、出演していた番組で視聴者にたいして少年の弁護士たちの懲戒請求を示唆する発言をおこなった。この呼びかけに応じて、実際に多数の視聴者によって弁護士会への懲戒請求がおこなわれ、弁護士たちは大きな社会的ダメージを受けた。

　とくに弁護側が弁護方針として、一、二審でみとめた殺害や強姦の事実を、差戻し審で一部否定したために、「世間」の批判が集中し、弁護士事務所に銃弾が届くような事態となった（のちに第三者機関である「放送倫理・番組向上機構ＢＰＯ」は、この間のメディアの報道がきわめて一方的なものであったことを指摘している）。

そうした「世間」の「はずし」の空気を背景として、〇八年四月に広島高裁は、原判決を破棄し死刑をいいわたした。浜井さんによれば、その判決がくだされたときに裁判所前で待っていた関係者から、拍手と歓声がおきたという。

死刑判決に拍手と歓声？

これこそ「刑罰のポピュリズム化」の象徴であると、浜井さんはいう（浜井浩一『2円で刑務所、5億で執行猶予』光文社新書、二〇〇九年）。

いうまでもないが、どんな場合でも被告人には弁護される権利があり、どのような主張であっても、それは被告人の防御権として認められるべきである。しかし、「世間」は個人が「権利」や「人権」をもつことを認めない。とくにこのケースのように、被告人が「世間」に謝罪もせず争う姿勢をみせているような場合には、〈世間‐外‐存在〉として徹底的に排除してゆくことになる。

(5) 過失致死の罪はなぜ軽いのか

日本でおきたペナル・ポピュリズムについて、もう一つ例をあげておこう。〇六年八月に福岡でおきた「福岡三児事故死事件」である。

この事件では、博多湾に浮かぶ海の中道大橋で、飲酒の上、自分の車を運転し前方を走行中の自家用車に衝突した結果、その車が橋から海に落ち、乗っていた幼児三人が死亡した。

被告人の男性（事件当時二二才）は福岡市職員であり、「危険運転致死傷罪」「道路交通法違反」で起訴された。被告人は、事件当時、自宅と二軒の店でかなりの酒を飲んでおり、事故後に現場から逃走したり、大量の水を飲んで警察のアルコール検知を誤魔化そうとしていたことなど、悪質な行動が明らかになった。またなんの落ち度もない幼児が三人も死亡したことなどから、「世間」の加害者への強い非難、被害者家族への同情と共感が広まった。

飲酒運転はもちろん許されることではない。だが、たまたま私は福岡市の事故がおきた場所の近所に住んでいるが、事件がおきた後の、メディアの論調や「世間」の空気の異様さは、なにかかなり嫌な感じだった。被害者家族に同情・共感するメディアの論調に、「共通の時間意識」をもつ「世間」が過剰同調し、さらには「世間」の被告人へのバッシングに、メディアも過剰同調するという奇妙な循環が成立していた。

検察側は懲役二五年を求刑したが、〇八年一月の判決は、「被告人がアルコールの影響により正常な運転が困難な状態にあったと認めることはできない」として危険運転致死傷罪を適用せず、被告の過失を認定した上で、懲役七年六ヵ月というものであった。この判決をめぐって、危険運転致死傷罪を適用しなかったことについて、テレビなどの映像メディアは、私にいわせれば、感情的としかいいようのない非難に終始した。

新聞の見出しも、「『危険運転』認定せず」「両親の思い届かず」(『毎日新聞』二〇〇八年一月八日夕刊)「『脇見運転』判決に不満」(一月九日)など、裁判所の危険運転致死傷罪の不適用を非難するトーンでほぼ埋まった。

週刊誌の見出しもまた、「新・『裁判官』がおかしい!」「求刑25年に『懲役7年6月』の判決を下した『福岡3児死亡事故』」「溜息に包まれた法廷」「裁判官の恐るべき常識」(『週刊新潮』二〇〇八年一月二一日号)とあり、裁判所が危険運転致死傷罪を適用しなかったことについて、判決をいいわたした裁判官を実名をあげて非難した。

メディアは、つねに「世間」の意を呈して、それを先取りするようにして報道をおこなう。メディアは視聴率というかたちで、番組内容への「世間」の同情と共感を得る必要があるからだ。このとき「世間」は、被害者家族への同情と共感から、真摯に反省しているようにはみえない被告人を厳罰に処するために、いってみれば「大岡裁き」を願い、危険運転致死傷罪の適用を裁判所に圧倒的に期待した。

光市の事件でみたように、裁判所もまた、この「世間」の空気にたいして「公正中立」ではありえない。

案の定というべきか、〇九年五月の福岡高裁の二審判決では、被告人が「アルコールの影響で正常な運転が困難な状態」であったとして、同じ証拠から、一審とは真逆の事実認定をおこない、故意を認定した上で危険運転致死傷罪を適用し、被告人に懲役二〇年をいいわたしたのである。

新聞の見出しを拾うと、「飲酒運転　撲滅へ　弾み」「両親訴え　司法に届いた」「厳罰に万感の涙」「遺影持つ手に力込め」「『当たり前の判決、やっと』全国の交通遺族思い共有」(『毎日新聞』二〇〇九年五月一五日夕刊)とある。

紙面の他の部分や翌日の新聞では、「適用基準　明確化を」(『毎日新聞』五月一五日夕刊)「際限なく解釈拡大も」(『毎日新聞』五月一六日)と、危険運転致死傷罪の適用基準の不明確性を指摘してバランスを取ろうとした部分はあるものの、おおむね「世間」の被害者家族への同情と共感を背景として、危険運転致死傷罪の適用を支持している。こういってよければ、新聞全体が「勝利感」のようなものであふれていた。

しかし、判決が極端から極端にゆれ動くということの問題の本質は、たんなる法の不備にあるのではない。端的にいってコトの本質は、「人の死」という結果の重大性は同じなのに、殺人罪と比較して、「車で人をうっかりひき殺す」という過失致死罪や業務上過失致死罪の刑が、きわめて軽い点にある。

ちなみに殺人罪の法定刑（刑罰法規で定められている刑）は、「死刑又は無期若しくは五年以上の懲役」（刑法一九九条）であるが、たんなる過失致死罪では「五十万円以下の罰金」（二一〇条）でおカネを払えばすむ。

また少し重い業務上過失致死罪は、「五年以下の懲役若しくは禁錮又は百万円以下の罰金」（二一一条①）、さらに〇七年に新設された自動車運転過失致死傷罪でも「七年以下の懲役若しくは禁錮又は百万円以下の罰金」「その傷害が軽いときは、情状により、その刑を免除することができる」（二一一条②）で、いずれも殺人罪との間にはかなりの差がある。

じつは危険運転致死傷罪は、殺人罪と過失致死罪・業務上過失致死罪との間で、法定刑の差があまりにありすぎるので、犯罪被害者家族の運動による「世間」の厳罰化要求を背景に、〇一年の刑法改正でドロ縄的に新設されたものである。

その構成要件（犯罪の成立条件）は、「アルコール又は薬物の影響により正常な運転が困難な状態で自動車を走行させ」（二〇八条の二①）人を死傷させたというものである。先にふれたように、法定刑は致死で一年以上の有期懲役、致傷で一五年以下の懲役というきわめて重いものとなった。

ただ、この犯罪類型は過失犯（うっかりであるが落ち度がある）ではなく、殺人罪と同じような故意犯（わざとやる）であるために、故意を認定するさいの「適用基準の不明確さ」、つまりどこまで酔っていれば適用されるのかが不明確であるという大問題がのこった。つまり成立当時から、もともとかなり無理のある、いわくつきの法律だったのだ。

ではなぜ、「人の死」という結果の重大性は同じなのに、故意の殺人と比較して、過失の罪がこんなにも軽いものとなったのか？

面白いことに近代以前のヨーロッパの刑法では、「結果責任」といって、故意だろうが過失だろうが、「人の死」という結果だけが問題であった。だから、故意による殺人であろうが、過失による殺人であろうが刑罰は同じであった。つまりナイフで「わざと」刺し殺そうが、馬車で「うっかり」ひき殺そうが、刑罰に差はなかった。犯人の内面や意思がまったく考慮されなかったからである。

じつは、近代刑法が過失致死罪をベラボーに軽くしたのは明確な理由がある。それは、近代以降資本主義が全面展開し、鉄道やクルマなど産業交通が急速に発達したが、クルマを運転し人をひき殺して島流しや死罪では、だれもクルマを運転しなくなるからである。だれも交通機関を運転できないのでは、資本主義経済そのものが成り立たなくなるからだ。

この点について刑法学者の沢登佳人《さわのぼりよしと》さんは、ドライバーが人をはね殺すたびに流三千里では、恐れて自動車に乗る者はなく、自動車産業が成り立たず、自動車運輸は育たず、軽便敏速な人的物的資材の大量輸送の道が鎖《さ》されて、産業の量的拡大は今日の水準には到底達しなかったという（沢登佳人『刑事法における人間の虚像と実像』大成出版社、一九七六年）。

近代にいたって人間の内面を発見することによって、「結果責任」を否定し、「意思責任」を採用した近代刑法は、故意とちがって「わざと」ではないから悪質でない、などというもっともな理屈をつけて、過失による犯罪を故意による犯罪より軽く処罰することにしたのだ。

その後二〇世紀以降になると近代刑法は、さらに運転者の過失責任を軽くするために、「許された危険」（自動車運転のように社会的に有益な行為は、それが危険を伴うものであっても、結果回避につき相当な措置がとられていれば違法ではないとするもの）や、「信頼の原則」（自動車運転者は、交通規則を守っていれば、他の人間も交通ルールに従うと信頼してよいというもの）などの理論をつぎつぎと捏造《ねつぞう》していった。

ふつうに考えれば、近代刑法のほうがなんとなく合理的で「高級」なような気がするが、前近代の刑法のほうが、「世間」の素朴な感情に沿っていたともいえる。ある意味では、近年の過失責任における厳罰化の流れは、前近代刑法への逆行の動きであるともいえる。

つまり、危険運転致死罪の適用の是非という問題において本質的に問われているのは、過失を極端に軽く処罰する近代刑法のシステムであり、産業交通の維持発展のためなら「多少の」犠牲はしかたがないという、資本主義経済が根底にもつ思想そのものなのである。

（6）空気を読む日本のペナル・ポピュリズム

では以上のような日本のペナル・ポピュリズムは、西欧社会におけるそれと同じであるといえるだろうか。

ニュージーランドの犯罪学者J・プラットの議論を紹介しながら、浜井さんとエリスは、西欧におけるペナル・ポピュリズムをつぎのように定義している。

「『法と秩序』の強化を求める市民グループ、犯罪被害者の権利を主張する活動家やメディアが、一般市民の代弁者となり、政府の刑事政策に強い影響力を持つようになる一方で、司法官僚や刑事司法研究者の意見が尊重されなくなる現象」であると。

浜井さんとエリスは、担当弁護士へのバッシングなど、「光市母子殺害事件」をめぐる一連の事態に代表されるような日本のペナル・ポピュリズムが、現象面では西欧社会のものと共通性をもつが、日本では、司法官僚である検察官の抵抗をほとんど受けずに厳罰化が進行している点が、西欧社会と異なっているという。

そして実際のところ、日本の検察官は世論に押し切られたのではなく、世論を意識しながら主体的に厳罰化を進めているという。その理由を、「日本の国民性として、官僚もいわゆる『空気を読む』傾向が強いことに加えて、検察官もそれを望んでいるからにほかならない」とする（「日本における厳罰化とポピュリズム」）。

日本では、司法実務において厳罰化を中心的に担っているのは、司法官僚としての検察官である。日本の検察官は法務省という官僚機構に組み込まれており、西欧におけるほど世論や政治の影響を受けにくい。西欧においてはペナル・ポピュリズムが検察官の意見を無視し、その権限を制限する方向で生じているが、日本においてはそのようなことはほとんどみられない。

にもかかわらず日本では、司法官僚であってクビになる心配のない検察官ですら、「世間」の空気を読んで政策決定をおこなう必要がある。日本ではだれしも「世間」に逆らって生きることはできない。みんな〈世間‐外‐存在〉として排除されないようにして、「世間を離れては生きてゆけない」と思っているからである。

先にふれたように、日本の刑事政策は、「なるべく刑務所には入れない、入れてもすぐに出す」という「ゆるし」の原則で運用されてきた。つまりここでは被疑者・被告人・受刑者にたいしては、刑事司法という〈世間‐内‐存在〉において、そうした人間の真摯な謝罪や反省を契機として、「ゆるし」という包摂の力学が作動している。

ところが、刑事司法をとりまく広い「世間」は、もともと犯罪者を「ゆるす」包摂的側面とともに、犯罪者を忌むべきケガレとしてとらえる排除的な厳罰志向をもっていて、つねに犯罪者にたいして〈世間‐外‐存在〉として「はずし」の力学を作動させてきた。

近年の日本における厳罰化は、こうした「世間」の犯罪者にたいする「はずし」という排除的側面が前景化してきたために、検察官がこうした「世間」の空気を読んだ結果生じたものにほかならない。

西欧社会のペナル・ポピュリズムが、司法官僚や刑事司法研究者の意見を無視して貫徹されるのにたいして、日本のペナル・ポピュリズムではそうした抵抗が生じないのは、司法官僚にせよ刑事司法研究者にせよ、KYといわれないために、みんな「世間」の空気を読んで生活しているからである。空気はいったん醸成されると、だれもそれに逆らうことはできないのだ。

(7)「第二の黒船」としての後期近代化

では、日本では犯罪率の上昇も、治安の悪化もなかったのに、なぜ犯罪者にたいする「はずし」としての「世間」の排除的側面が前景化することになったのか?

この厳罰化の根底には、ヤングのいう「後期近代」への突入、ようするにアメリカ型グローバリズムの展開、すなわち新自由主義的な規制緩和・構造改革や「自己責任論」の台頭があったことは間違いない。

日本ではすでに九四年に経済同友会の「現代日本社会の病理と処方」において、新自由主義にもとづく規制緩和・構造改革の必要性が強調されていった。その後この新自由主義の台頭によって、職場では成果主義や能力主義が導入され、九七年ごろには年功序列制や終身雇用制の日本型経営が崩壊したといわれる。

九八年から自殺者が三万人をこえる。とくに〇一年の小泉政権の誕生によって、規制緩和・構造改革が叫ばれ、「自己責任」が強調されるようになった。このアメリカ型グローバリズムに発する「後期近代」への突入を、ここで「後期近代化」と名づけておこう。「後期近代化」、すなわち「自己責任論」に代表されるような新自由主義の思潮の台頭は、日本の「世間」にとって、それを根底からゆるがすものであり、明治期以降それまで経験することのなかった、時代を画する大きな出来事であったといってよい。その意味で、日本の「世間」にとって、明治期の「近代化」を「第一の黒船」とすれば、「後期近代化」は「第二の黒船」とよべるような歴史的大事件であった。

しかしこの新自由主義の台頭によって、日本人の欧米化がさらに進み、「世間」が解体されていったわけではない。「世間」が解体するには、西欧社会におけるキリスト教の「告解」に匹敵するような、個人が誕生する契機がなければならない。しかし明治期以降、「世間」を解体するようなそうした変化はなかったし、新自由主義の台頭によっても、個人が生まれたとはとうてい思えない。

とはいえ、それは日本の「世間」の人々にとって自分が生きる生活世界に直接関わるという点で、「第二の黒船」というべき明治維新以来の歴史的大事件であったことはたしかである。そのため、日本の「世間」は、この新自由主義の台頭によって、現在以下のような二つの重大な変化に見舞われることになった。

第一には、新自由主義のもたらした「強い個人になれ」というメッセージが、「世間」に生きる人々にさまざまな病理をもたらしたことである。新自由主義が根底にもつ「自己責任論」は、もともと個人ではない「世間」の人々に、本質的な意味で無理難題を強いることになる。

たとえば日本では、何度かふれたように、九八年以降年間自殺者が三万人をこえ、現在でもこの状況が続いている。これは先進産業国のなかでも、自殺率でアメリカの約二倍、イギリスの約三倍というダントツの高さとなっている。

九七年ごろには新自由主義の台頭によって、終身雇用制・年功序列制の日本型雇用が崩壊したとされるから、九八年からの自殺者の増加は、新自由主義の台頭と関連があることはたしかである。つまり「強い個人になれ」という新自由主義のメッセージが、「世間」のなかで「強い個人」になれない者にたいして、無理難題を強いているのである。

この自殺の背景にあるとされるうつ病など感情障害の通院患者は、九九年から〇二年の三年の間に一・六倍に急増し、SSRIをはじめとする抗うつ剤の市場規模が、約三倍にふくれあがっているという。こうした現象の背景には、近年の、できないやつは「負け組」とみなされる風潮があり、その結果、SSRIが乱用されることになったという（片田珠美『薬でうつは治るのか？』洋泉社新書y、二〇〇六年）。

すなわちこれは、新自由主義にもとづく職場への成果主義や能力主義の導入が、「強い個人になれ」というメッセージをともなっていたがゆえに、それまでの個人の不在を前提とした「贈与・相酬の関係」や「身分制」や「共通の時間意識」などの職場の諸関係と明らかに矛盾し、それらを一部崩壊させたことによるものである。その結果、自分は「負け組」になるのではないかという「存在論的不安」から、職場でのうつ病の患者がふえることになる。

第一章でふれたように、くわえて自殺の原因として、うつ病などの病気以外に、経済的理由というのが多い。これは失業や倒産などによって借金が返せなくなったようなときに、「世間」にある「贈与・互酬の関係」によって、借金が返せない人間が「お返し」のできない者とみなされ、「世間」から排除されるからである。

日本人は「世間を離れては生きてゆけない」と思っているために、「世間」からそうした評価を受けることに耐えられず、蒸発するか自殺するかという、どちらかの方法を選ばざるをえない。自殺者が西欧社会に比べて高いのは、そうした「世間」の構造が背景にある。

第二には、「世間」とは異質の原理をもつ新自由主義が台頭することによって、「世間」のルールが一部崩壊し、「世間」がそれにたいして花粉症や喘息のような一種のアレルギー症状をおこしたことである。それが近年の「世間」の空気の「息苦しさ」を醸成している。いわば、「世間」が、免疫力をもつ一個の生物体として、新自由主義にたいする拒絶反応として防御をおこなっていると考えられる。

この新自由主義にたいする「世間」の防御反応は、目下のところ以下のような二つのかたちをとっている。

まず一つには、〈世間‐内‐存在〉において、「共通の時間意識」をはじめとする「世間」の細かいルールによるしめつけの強化としてあらわれている。「世間」のルールの肥大化や、「世間」のウチの抑圧感の高まりといったことである。

社会学者のいう、近年の「親密圏における人間関係の濃密化」「グループの島宇宙化」が、それを示している。そこでは、お互いの間の対立が表面化しないように、みんな高度に「気を遣って」生きている。しかもウチとソトの区別がつよまり、「世間」の「島宇宙化」が進んでいる。この人間関係の「息苦しさ」は、花粉症や喘息に似た独特のものである。

さらにメディアが、「矢ガモ」（矢が突き刺さったままの鴨）や「崖っぷち犬」（崖に登ったはいいが降りられなくなった犬）を好んで取り上げるのは、「共通の時間意識」による「世間」の同情と共感をひきやすいからである。「共通の時間意識」という「世間」のルールが肥大化しているために、カモや野良犬のことまで「我がこと」のようにとらえられるようになっている。

またもう一つは、〈世間‐外‐存在〉においては、〈世間‐内‐存在〉におけるルール強化の反動として、「はずし」という排除的側面をつよめる結果を招いている。

とくに〇四年におきたイラク人質事件では、「世間」によって人質家族にたいして、「自己責任論」にもとづいたバッシングがおこなわれた。韓国をはじめとして、同じような人質事件があった外国では考えられない事態であった。

そこでは、当初人質家族に向けられていた同情と共感の感情が、家族が「世間」に謝罪しなかったこともあって、政府の「自己責任論」にもとづく非難によって反転し、人質家族へのひどいバッシングとなった。おきたことは古典的な「世間」による村八分的バッシングだったのだが、「自己責任」という非難につかわれた言葉が、「後期近代化」による新自由主義の台頭を象徴していた。

このように、「世間」のウチにおけるルール強化と、「世間」のソトへの排除拡大は、コインの表裏の関係にある。犯罪者にたいする厳罰化は、この「世間」の、新自由主義にたいするアレルギー反応として生じている。こうした犯罪者にたいする、「はずし」としての排除は、新自由主義の台頭による「世間」の「息苦しさ」の増大という、いわば「世間」の人々の「存在論的不安」の反映であるといってもいい。

くり返すが、九〇年代後半以降「世間」が解体し、「包摂型社会」から「排除型社会」への転換、すなわち「ゆるし」から「はずし」への転換があったわけではない。「後期近代化」という欧米化によって「世間」の人々のつながりが壊れ、犯罪が増加し、厳罰化が生じたわけではないのだ。犯罪率は上昇していないし、「世間」は壊れていないし、あいかわらず人々の思想と行動を縛りつづけている。

もちろん「治安が悪化している」という、事実にもとづかないメディアの報道などによって、人々の「体感治安」が悪化したからだという理由もあるかもしれない。しかし、先にのべたように、メディアの報道は、「世間」の人々の不安や厳罰化の要求を先取りしているにすぎない。つまり「世間」の空気を読んでいるにすぎないから、それが決定的理由であるとはいえない。

以上のように、日本で犯罪率が増大していないにもかかわらず、西欧と同様のペナル・ポピュリズムや厳罰化が生じたのは、「世間」が新自由主義にたいし花粉症や喘息のようなアレルギー反応をおこし、それが「世間」のウチのルール強化と「世間」のソトへの排除拡大、すなわち「はずし」という排除的側面の前景化を招いたからである。

第四章

「ゆるし」としての刑法三九条

理性と自由意思をもった人間？

(1) 精神障害者が処罰されないのはなぜか

前章で、九〇年代後半以降、日本において「はずし」としての厳罰化がなぜあらわれたのかを概観した。この厳罰化の現象が、もっとも典型的にあらわれたのが、いわゆる「触法精神障害者」問題、すなわち犯罪をおかした精神障害者の「処罰」の問題と、さらには成人にたっしていない少年の「処罰」の問題においてであった。

じつはこの二つの問題は、精神障害者には責任能力が「ない」ものと考えられ、少年には責任能力が「まだない」ものと考えられるという点で、相互に密接に関連している。ここでのキーワードは、まさに責任能力なのである。そしてこの責任能力は、大学院時代からの私の研究テーマでもあった。

とくに私が精神障害者の刑事責任を研究テーマに選んだのは、高校時代から大学時代にかけて、対人恐怖のケがあって、いつも自分はどこかおかしいのではないかと思っていたということが理由にあった。当時盛んだった「保安処分ハンターイ」の運動に首をつっこんだりしていたのも、保安処分の対象となる「危険な精神障害者」というのが、まさに人ごとではなかったからである。

ともあれこの章では、犯罪をおかした精神障害者の問題を考え、次の章で少年の問題を取り上げる。

九〇年代後半以降の日本の厳罰化のなかで、このふたつの責任能力が問題化した理由は、精神障害者や少年のような「責任能力が（まだ）ない」者に、これまでは「処罰しない」という「ゆるし」が与えられてきたからである。この「ゆるし」のあり方が、「はずし」としての厳罰化の流れのなかで、「世間」の批判にさらされるようになったのである。

では、そもそも精神障害者の処罰が免除されたり減刑されたりするのは、どうしてなのか？

それにたいする近代刑法の答えは、犯罪をおかした精神障害者には理性とか自由意思が存在せず、犯罪をしない選択可能性（これを刑法では、他の行為ができる可能性があるという意味で「他行為可能性」という）がないからだというものである。

この理由であなたは納得できるだろうか？　私は納得できなかった。この疑問が私の責任能力研究の出発点となった。

たとえば、私たちが犯罪者を非難するとき、「人でなし」とか「鬼畜」とか「理性のないやつめ」とかいった言葉を投げつける。しかし近代刑法の責任の原理からいえば、文字通り「人」でなかったり、動物であったり、理性がなかったりすれば、責任能力はなく、非難できないことになる。これは、刑法の責任非難の根本原理が、私たちの生活世界の日常的感覚と明らかにズレていることを意味する。

あとでのべるように、じつはこうした近代刑法にたいする根底的な疑問が、九〇年代後半以降の日本における厳罰化において前景に登場してきたのである。

では昔は、犯罪をおかした精神障害者はどのように扱われたのか。わからないことは多いのだが、前近代においては、日本を含めておおむねどこの国でも、精神障害者の免責や減刑がみとめられていた。

日本では、六〇〇年代に有間皇子《ありまのみこ》が、皇位継承の政争にまき込まれ、精神病を装って白浜温泉で療養し、この争いから逃れようとしたことがよく知られている。だが、天皇に精神病の完治を報告したあとに、中大兄皇子によって、反乱をおこそうとしたとして絞首刑に処せられた。これは当時精神病が、窮地《きゅうち》に追いやられた人間が刑罰をのがれるための方法としてつかわれたことを意味する。

ヨーロッパではたとえばゲルマン部族法のロタリ王法典（六〇〇年代成立）が、犯罪をおかした精神障害者が人や家畜に損害を与えても、贖罪金（現在でいう罰金）は要求されないと規定している。

とくにヨーロッパでは、長い間「不幸な運命が狂人を弁護する。狂人は自分の病気によってすでに十分罰せられている」というローマ法の原則が広く通用していた。つまり犯罪をおかした精神障害者は、病気によってすでに十分罰を受けているのだから、それ以上処罰する必要はないというのだ。

つまりここには、犯罪をおかした精神障害者にたいする一種の「ゆるし」（宥恕《ゆうじょ》）の考え方がある。つまり「まあ、ゆるしてやるか」ということである。こうした「ゆるし」が発動されたのは、以下のような背景がある。

前章でのべたように中世は「結果責任」の時代であって、近代以降本格化した「意思責任」とは異なって、犯罪者の意思や内面はまったく考慮されなかった。したがって、精神障害者の免責や減刑が考えられたとはいっても、現在のようにその意思や内面が考慮されたためではない。

つまり現在でいう「他行為可能性」がないから免責や減刑がおこなわれるのではなく、ただ外形的な「態度の乱れ」とか「奇妙な言動」とかいう理由で免責や減刑がおこなわれたと考えられる。

また哲学者のM・フーコーがいうように、一七世紀中葉以前のヨーロッパにおいて精神障害者は、「阿呆船」のように都市から都市へと、あるいは人里離れた野を自由に歩き回っており、西洋文化はこうした存在にふしぎに受容的であった。

またフーコーは、かれらに「ゆるし」が発動されたのは、中世の狂人は神聖であると考えられていたが、それは、中世の慈善にとって悲惨＝貧困がもっている正体不明の力を有していたからであり、狂人は他の誰よりも慈善を称揚していたからである、という（M・フーコー『狂気の歴史』田村俶《はじめ》訳、新潮社、一九七五年）。

もちろんこの「ゆるし」は、現在でいう「人道主義」などにもとづくようなものではない。それは、「罪人の身体にほしいままに暴力を行使する権力にとって、自らの意志で法の例外をつくることもまた、ひとつの力の誇示だったのではないだろうか。それは一種の恩赦のようなものだった」と社会学者の芹沢一也さんが指摘するように、当時の権力者の力の誇示という意味をもっていたのである（芹沢一也『狂気と犯罪』講談社＋α新書、二〇〇五年）。

当時のヨーロッパの刑法のなかで、精神障害者の免責や減刑が、懐胎中の女性や年少者の免責や減刑と一緒に無造作に並んでいたのは、この「法の例外」を法律のあちこちに散らばばせて、権力者の力を誇示していたことを意味する。

(2)理性と自由意思をもった人間?

近代以前の犯罪をおかした精神障害者の免責や減刑は、「ゆるし」として考えられてきた。しかし、精神障害者の免責や減刑という外見はかわらないものの、近代にいたってその理由がまったくかわってゆく。精神障害者を法の世界から「はずす」装置として、責任能力が機能するようになったのだ。

一二、三世紀には、都市化とキリスト教の「告解」をつうじて、内面が語られるようになり、individual たる個人が成立する。近代刑法は、この個人の発見によって、犯罪者の内面、すなわち意思を問題にするようになり、「結果責任」から「意思責任」へと大きく転回してゆく。

その結果、犯罪の責任が犯罪をおかした個人に負わされるのは、理性や自由意思をもった人間が「あえて」犯罪をおかしたからだ、という理由づけがおこなわれるようになった。したがって、理性や自由意思をもたない、すなわち「他行為可能性」のない精神障害者には責任はない、ということになった。

刑法上の、理性と自由意思にもとづく近代的人間像の成立である。

ヨーロッパで近代刑法が成立したのは、一八世紀終わりから一九世紀初めの重商主義から自由主義の時代においてである。このころに登場したのが、ドイツ語圏のテレジアーナ（一七六八年）、ヨセフィーナ（一七八七年）、バイエルン刑法典（一八一三年）や、英語圏のマックノートン・ルール（一八四三年）などである。これらの責任能力の規定をみると、そこでは判で押したように、理性をもたず自由意思をもって行動できない者には責任がないと書いてある。

現在の日本の責任能力の規定には「①心神喪失者の行為は、罰しない。②心神耗弱者の行為は、その刑を減軽する」（現行刑法三九条）とある。これだけでは何のことをいっているのかよくわからないのだが、裁判所の判例上責任能力とは、「精神が健全であって、是非善悪を弁別し、その弁別に従って行為する能力」（大審院昭和六年一二月三日判決）と定義されている。

よーくみてみると、「是非善悪」といい「行為する能力」といい、ここにあるのは、近代刑法が確立してきた理性と自由意思にもとづく近代的人間像であることがわかる。

沢登さんは、この人間像について、「完全に自由な意思により十分ゆきとどいた認識・判断推理にもとづき、全面的に自分一個の責任で犯罪をするかしないかを選択しうる、堂々たる理性的人間としての犯罪者像」(『刑事法における人間の虚像と実像』)であるといっている。

しかし、このような人間像がインチキであることは、かりに私たちが犯罪をおかす場合のことを考えてみればわかる。すなわち、「カッとなって」とか「気がついたらこうなってしまった」とか「魔がさした」ということはよくあるが、理性や自由意思をもって「どっちが得かよく考えてみよう」などということは、一部の知能犯や確信犯でないかぎり、まずない。つまりこの人間像は、近代が製造した一種のフィクションなのである。

じつは近代刑法の「個人責任」とよばれるものは、こうした人間像がもとになっており、現在いう「自己責任」というのは、この延長線上にある。「自己責任論」がインチキなのは、それがおきた社会的背景の一切を捨象し、すべて個人の責任に押しつけてしまうからである。刑法は、前近代の縁座責任・連座責任から近代的な個人責任へ「進化」したといわれるが、その「進化」は、理性や自由意思というフィクションにもとづいていたのだ。

ところでヨーロッパでは一七世紀中葉になると、自由にあたりを歩き回っていた精神障害者が、突如懲治場《ちょうちじょう》、労役場《ろうえきじょう》、一般施療院などとよばれた監禁施設に閉じ込められることになった。これをフーコーは「大いなる閉じ込め」という。

なぜ、精神障害者が閉じ込められることになったのか?

フーコーによれば、当時資本主義とカルビニズムの台頭によって、労働こそが「善」、怠惰こそ「悪」ととらえられるようになり、そのため精神障害者は「働かない人間」として、犯罪者、乞食、売春婦、放蕩者《ほうとうしゃ》などとともに収容施設で労働に従事させられたという(『狂気の歴史』)。

面白いのは、たとえばアムステルダム懲治場(一五九六年設立)のような、このような「働かない人間」が収容された監禁施設が、職業訓練所や病院ではなく、近代的な監獄のはじまりだったことである。つまり一七世紀中葉の「大いなる閉じ込め」によって、精神障害者は他の「働かない人間」とともにまず社会から排除される。

これらの監禁施設では、精神障害者や犯罪者や乞食や売春婦や放蕩者が、ごたまぜに収容される状況が一世紀半以上続く。しかししだいに精神障害者は、だんだんと労働の能力がないこと、集団のリズムに従わないことで他の者からはっきりと区別されるようになる。

一八世紀末になると決定的な事件がおきる。フランスの精神科医P・ピネルは、当時鎖につながれていた精神障害者を鎖から「解放」する。しかし、注意しておかなければならない。たしかに売春婦や放蕩者などは施設から解放されたのだが、「精神疾患」を認められる者は「治療のため」と称して、引き続き施設に収容されつづけたのである。この監禁施設は以後、監獄ではなく、病院として機能することになる。

つまり精神障害者の「解放」とは、社会からの精神障害者の排除だけではなく、監獄という刑罰システムからの排除を意味することになった。つまり精神障害者は、一七世紀中葉には社会から、一八世紀末には刑罰、すなわち法の世界からはっきりと排除されることになった。

いいかえれば、法の世界から排除されるということは、法がつくりあげた「人間」というカテゴリーからの排除であるといえる。なぜなら近代において人間とは、理性や自由意思をもってはじめて人間といえるからである。

一八世紀末は近代刑法の確立期であり、刑法における近代的人間像が確立する。このとき犯罪をおかした精神障害者は、理性や自由意思がないという理由で、法の世界からも「はずされる」ことになった。ここで大きな役割を果たしたのが、人間の内面心理をさぐる精神医学の登場である。

フーコーのいうように、それは、それまでの犯罪の認知、責任主体の認知、法律の認知という犯罪成立の三条件に加えて、犯罪者個人をめぐる、評価・診断・予後・規範に関する判断の総体が、刑事裁判の骨組みのなかにはいり込みはじめたことを意味する（M・フーコー『監獄の誕生』田村俶訳、新潮社、一九七七年）。

犯罪をおかした精神障害者の免責や減刑は、現象面では同じにみえるが、前近代の刑法においては、精神障害者は「自分の病気によってすでに十分罰せられている」として、一種の「ゆるし」（宥恕）をもって考えられた。しかし近代刑法が理性や自由意思をもった人間像を製造することによって、免責や減刑の理由が決定的に変化し、そうした刑法上の「人間」からの「はずし」を意味することになったのである。

(3)「処罰福祉主義」の登場

一九世紀の自由主義の時代の犯罪者は、理性や自由意思をもって、犯罪をするかしないかを決定する主体であった。ドイツ刑法学でいえば、これはバイエルン刑法典をつくった刑法学者のP・J・A・フォイエルバッハなどの古典的な旧派刑法学の考え方である。ところが二〇世紀の帝国主義の時代に入ると、刑法学者であるF・リストなどの新派刑法学が台頭する。

この新しい考え方によれば、犯罪者は自由な意思をもった主体ではなく、実証科学のもとで科学的に分析可能な決定論的（あらゆる現象は外的な原因で規定されており、そこに自由意志は存在しないという考え）な存在である。また刑罰は旧派が主張したような応報ではなく、一定の目的のための目的刑ないしは教育刑でなければならない。

さらには、犯罪から社会を防衛するためには、旧派のように犯罪行為ではなく、犯罪者そのものに注目し、犯罪者を科学的に分析し、矯正や治療によってその危険性を取り除かなければならないと主張した。

ここで大事なことは、新派の台頭によって、刑事司法における対象が犯罪行為から犯罪者に転換し、犯罪の予防、犯罪者の教育・治療のために実証科学のテクノクラートが動員され、犯罪者は「修正、再適用、社会復帰、矯正などにかかわる技術と知にとっての客体」（M・フーコー『異常者たち』慎改《しんかい》康之訳、筑摩書房、二〇〇二年）となったことである。

つまり、一九世紀の自由主義の時代には、理性と自由意思をもった犯罪の「主体」であった犯罪者は、二〇世紀の帝国主義の時代には、精神医学などの科学的知見が介入することによって、診断され、評価され、矯正され、治療され、教育される「客体」となったことが重要なのである。この刑事司法への実証科学の介入を、社会学者のＤ・ガーランドは「処罰福祉主義」（D.Garland, The Culture of Control, Oxford University Press, 2001）とよぶ。

この二〇世紀の「処罰福祉主義」においては、福祉国家の理念にもとづき、精神医学、心理学、犯罪学などの実証科学の専門家が法への介入をはじめた。

このことをヤングは、つぎのようにいう。

「犯罪者は社会復帰させせられ、精神障害者と薬物依存者には治療が施され、移民は同化させせられる。十代の若者は『矯正』され、崩壊した家族はもういちど正常に戻るようにカウンセリングを受けさせせられる。それでも頑固に厄介な問題を起こそうとする集団は、福祉国家とその役人たちにとってじつに仕事のしがいのある、歓迎すべき挑戦相手でさえあった」（『排除型社会』）と。

精神障害者も少年も、「処罰福祉主義」にとってはまったく同じ「歓迎すべき挑戦相手」だった。あとでのべるように、日本の厳罰化のなかで生じたのはこの「処罰福祉主義」の後退であり、このような認識の否定であった。

ではこのようなヨーロッパの「処罰福祉主義」は、日本にどのように輸入され、どのように定着していったのか？

日本の刑事司法の「近代化」（「第一の黒船」の時代である）の過程においては、まず自由主義の時代の旧派刑法学の影響を受け、一八八〇年に旧刑法が成立する。

旧刑法は旧派刑法学の主張にそって、罪刑法定主義の原理を明記し、たとえば殺人罪では謀殺、毒殺、故殺、便宜殺、誤殺といったように犯罪類型を細かく分類し、法定刑も細かく定め、裁判での裁量の余地を狭くした。つまりここでは犯罪行為に焦点があてられ、犯罪行為に応じて刑罰が細かく決められている。

責任能力についても、「罪を犯す時知覚精神の喪失に因て是非を弁別せざる者は其の罪を論ぜず」（旧刑法七八条。仮名づかいを改めた）と規定して、「是非を弁別」と、理性と自由意思をもつ人間像を前提として、一般的な適用基準を明らかにしていた。

ところが、旧刑法は、犯罪行為より犯罪者に着目する新派刑法学の台頭によって、ただちに改正を余儀なくされる。現行刑法となった一九〇七年の新刑法がそれである（ただし一九九五年に条文の平易化がおこなわれた）。

すなわち、牧野英一さんなど当時の新派の刑法学者は、同じ殺人をおかしたとしても人には千差万別の事情があり、その個別的な事情を考慮しなければならないが、旧刑法ではそれが不可能であると主張した。これはまさに二〇世紀以降の「処罰福祉主義」の主張であった。

その結果、新刑法では罪刑法定主義の規定が廃止され、殺人罪の類型はたったひとつとなり、法定刑も「死刑又は無期若しくは三年以上（〇五年改正で五年以上）の懲役」となり、裁判所の裁量の余地が大幅に拡大した。

責任能力についても「①心神喪失者の行為は之を罰せず。②心神耗弱者の行為は其刑を減軽す」（新刑法三九条。仮名づかいを改めた）と規定した。

この法律が「心神喪失」や「心神耗弱」という言葉を採用したのは、当時の民法との用語の統一性を図ろうとしたためだとされる。しかし、じつは裁判所の裁量の余地が大きな、このいいかげんで大雑把な規定の仕方のほうが、「個別の事情を考慮する」という新派の考え方、つまり「処罰福祉主義」的な枠組みに親和性があったからである。

問題はこのような「処罰福祉主義」的な刑法の枠組みが、今日にいたるまで日本で受け入れられてきた理由である。それは端的にいって、日本の刑事司法が犯罪者にたいして、〈世間‐内‐存在〉として、「なるべく刑務所には入れない、入れてもすぐに出す」という「ゆるし」の原理を作動させてきたからである。

すなわち、「ゆるし」の原理を作動させるためには、なるべく裁量の余地の大きな規定のほうが使いやすい。犯罪類型も法定刑もなるべく大雑把に書いてあるほうが、あとで個別の事情を考慮しやすい。その典型が殺人罪で、「死刑又は無期若しくは三年以上の懲役」というのは死刑から執行猶予まで自由に選べる余地があるということだ（〇五年以降は、特別の軽減事由がないかぎり執行猶予をつけることが不可能となったが）。

同様に、責任能力を規定するさいも、理性や自由意思にもとづく一般的な適用基準を書いておくよりも、「心神喪失」「心神耗弱」と個別的考慮が可能なように書いておいたほうがよい。いいかえれば、犯罪をおかした精神障害者に「ゆるし」を作動させるためには、裁量の余地が大きくなるように、なるべく大雑把な規定のほうがよいということだ。

それはあたかも、ヨーロッパ中世の刑法において、理性や自由意思にもとづく一般的な責任能力の規定を置かずに、個別の例をあげて免責や軽減を認めていたのとよく似ている。そこでは、犯罪をおかした精神障害者にたいして、「狂人は自分の病気によってすでに十分罰せられている」という理由で、「ゆるし」（宥恕）が発動されたのである。

（4）刑法三九条による「ゆるし」への疑問

近代にいたって犯罪をおかした精神障害者の免責や減刑は、人間として認めず、法の世界からの「はずし」を意味することとなった。しかし日本においては、この「はずし」という基本線は変わらないものの、かならずしもそれだけではない側面が存在する。

第二章でふれたように、日本では年間一六四万人ほどが検察庁に受理されるが、じっさいに正式起訴されるのは一二万人とわずかその七％程度である。少年事件で家裁送致になる者九％をのぞいて、のこりの八三％以上は「まあ、ゆるしてやるか」ということで、正式起訴されずに不起訴（起訴猶予を含む）や略式命令となる。

第六章で詳しくふれるが、日本では明治以降、起訴にするか不起訴にするかは検察官のサジ加減しだいであって、これを「起訴便宜主義」とよんでいる。これは西欧で一般的な、法定の理由があれば起訴しなければならないとする「起訴法定主義」とは、まったく異なっている。

この「起訴便宜主義」によって、犯罪をおかしたとされる精神障害者のうちなんと九〇％前後が、起訴前鑑定をへて、不起訴（起訴猶予を含む）となり、精神保健福祉法によって措置入院（強制入院）となるか、自由の身となる（〇五年以降は心神喪失者等医療観察法による強制入院が加わった）。じっさいに正式裁判に登場するのは残りのわずか一〇％前後。そのうち心神喪失で無罪となるものは〇・一％〜〇・五％ときわめて少なく、そのほとんどは、なんらかの理由で心神耗弱となり減刑される。

つまりここにも、「なるべく刑務所には入れない、入れてもすぐに出す」という「ゆるし」の原理が貫徹している。起訴前においては不起訴処分となる者が大多数であり、起訴後においても減刑される場合が多い。犯罪をおかした精神障害者は、刑事司法という〈世間‐内‐存在〉においては、「まあ、ゆるしてやるか」という「ゆるし」が発動される対象とみなされてきたのである。

これはおそらく、刑事司法をとりまく広い「世間」においても、犯罪をおかした精神障害者への「ゆるし」が、ばくぜんとではあるが、受容されてきたからである。しかしそれは、近代刑法が説明するような、精神障害者には理性と自由意思がなく、「他行為可能性」がないという理由からではない。なぜなら、先ほどのべたように、この理由づけは「世間」の日常的な生活感覚からは、完全にズレているからである。

すでにふれたように、ヨーロッパ中世において、犯罪をおかした精神障害者が「ゆるし」(宥恕)を受けた理由は、「狂人は自分の病気によってすでに十分罰せられている」というローマ法の原則だった。しかし現在の日本の「世間」のなかに、こうした心情や論理があるとはいえない。

にもかかわらず、「世間」のなかでは、理由のはっきりしない犯罪や、説明のつかない理不尽な事態がおきたとき、それにたいして「魔がさした」とか「巡り合わせが悪い」とか「憑《つ》き物のせいだ」というような理由づけをすることがある。それは犯罪や理不尽な事態の合理的な「説明」にはなっていないのだが、なんとなくこれで納得してしまう説得力をもっている。

もちろん、こうしたまったく合理的ではない「説明」が、「世間」に受け入れられやすいのは、「世間」が「呪術性」というルールをもっているからである。おそらく日本の「世間」における「ゆるし」の根底には、こうした心情があるのではないかと思う。そしてこれが、刑法三九条による精神障害者の「ゆるし」を、「世間」がばくぜんとながら支持してきた理由になっている。

ところが九〇年代後半ぐらいから、この状況にたいして、二つの重要な主張がなされてゆく。犯罪をおかした精神障害者をとりまく状況が、明らかにかわってゆくのだ。

その一つは、犯罪被害者家族の立場からのものである。

それは、犯罪をおかした精神障害者の九〇%が、不起訴（起訴猶予を含む）で罰せられることなく措置入院になったり、場合によってはすぐに自由の身になってしまうことへの不信感である。つまり犯罪をおかした精神障害者が、きちんと処罰されないことにたいする批判である。

また正式裁判になったとしても、心身耗弱で執行猶予がついたり、きわめてまれなケースではあるが、心神喪失で無罪となる。つまりげんに「犯罪」があり、被害者家族がげんに存在しているにもかかわらず、不起訴や無罪では、「犯罪」そのものがなかったことになり、そうした事実があったことが、闇から闇に葬られてしまうという疑問である。

犯罪被害者家族のこうした声を背景に、九九年には森田芳光監督の『39　刑法第三十九条』がつくられ、猟奇的な夫婦殺人事件の犯人として起訴された男の裁判をめぐって、心神喪失＝無罪という図式に疑問が呈された。

また評論家の日垣隆さんは、犯罪被害者家族の主張をふまえた上で、〇三年に『そして殺人者は野に放たれる』（新潮社）という著作をあらわし、刑法三九条の削除と犯罪をおかした精神障害者の処罰を主張する。

もう一つは、精神障害者自身の立場からのものである。

それは、刑法三九条が憲法三二条の「裁判を受ける権利」を奪っているというものである。しかも、精神保健福祉法によって措置入院になったような場合に、ケースによっては正式裁判を受けた場合の刑期より、強制入院の期間が長くなることもありうる。それはまた憲法一四条の「法の下の平等」にも反するのではないか。

つまり、精神障害者であるという理由で、不起訴や無罪となることは、精神障害者にたいする差別であり、ふつうの人間として裁判を受けたいという主張である。

またあまり知られていないことだが、九五年の刑法の平易化のさいに、刑法四〇条の「瘖《いん》啞《あ》者の責任能力」の規定が、瘖啞者への差別であるとして削除された。四〇条が瘖啞者（話したり聞いたりする機能がうしなわれている者）への差別であるのなら、三九条も精神障害者にたいする差別といえないか。

私の感じでは、九〇年代ぐらいから、裁判のなかで、弁護人の責任無能力の主張に抵抗し、重く処罰されるのを覚悟でこう主張する精神障害者がふえてきたように思う。とくに、精神鑑定にたいして不信感をもつ被告人が多くなった感がある。

つまり、犯罪をおかした精神障害者の免責や減刑が、かならずしも「ゆるし」ととらえられなくなってきたのだ。それは精神障害者を近代刑法という法の世界から排除する、すなわち「はずし」であって、それを支えている三九条の奇妙さが意識されはじめたからであろう。

私は、とくにこうした精神障害者の「人権」という観点から、三九条が法の世界からの精神障害者の「はずし」であることをふまえ、八〇年代から、三九条の廃止を主張してきた。当初はまったく荒唐無稽《こうとうむけい》のお伽話《とぎばなし》のように受け取られたが、明らかに九〇年代後半以降、状況に変化が生じていた。

以上のように、犯罪被害者家族の側からと精神障害者の側からという二つの立場からの主張によって、これまで精神障害者の「ゆるし」として機能してきた刑法三九条に、根本的な疑問が投げかけられるようになったのである。

こうした動きを決定的に加速させたのが、〇一年の「大阪教育大学附属池田小事件」であった。

(5)「妬み」が生み出す「ヤケクソ型犯罪」

〇一年六月、T元死刑囚（当時三七才。〇四年に死刑執行）は、大阪教育大学附属池田小学校に侵入し、刃渡り一五センチの出刃包丁をふりまわし、教室にいた児童八名を殺害し、児童一三名、教師二名を負傷させるという衝撃的な事件をおこした。世にいう「池田小事件」である。

私は、こうした無差別型の事件を「ヤケクソ型犯罪」とよんでいる。それは金品要求や物取り、怨恨《えんこん》などによらない「ただ犯罪をおかすための犯罪」、つまり自暴自棄による犯罪である。

近年、こうした「ヤケクソ型犯罪」は、思いつくままあげてみても、九九年の「池袋通り魔事件」「下関通り魔事件」、〇四年の「奈良小一女児殺害事件」、〇六年の「秋田連続児童殺害事件」、〇八年の「土浦無差別殺傷事件」「岡山駅突き落とし事件」「八王子無差別殺傷事件」「秋葉原無差別殺傷事件」など目立つようになっている。

T元死刑囚はトラブルメーカーで、窃盗や暴力沙汰などの揉め事をおこすたびに職場をクビになり、仕事を転々としていた。また、強姦罪で八五年に逮捕され懲役三年の刑を受け、少年刑務所に服役している。

この事件をおこした日は、当時タクシー運転手をしていて暴行事件をおこし、検察庁に出頭を要請されていた、まさにその日であった。T元死刑囚が池田小学校を狙ったのは、「そこらの子を殺すより、裕福で頭のええ、将来有望な人間を殺す方が自己満足がある」(『朝日新聞』二〇〇三年八月二九日)からだった。

また中学校に進むときに、附属池田中学を受験しようとしたが、母親に絶対受からないといわれてあきらめている。T元死刑囚は、高学歴、高収入の「エリート」に憧れており、お見合いパーティで自分は大学卒であるとして経歴を詐称《さしょう》したりしていた。つまり、ここには、「裕福」「将来有望」である者にたいするルサンチマンがあった。

「世間」には、「身分制」と「共通の時間意識」というルールがある。「身分制」は格上・格下という上下関係を意味するが、「共通の時間意識」は個人が存在しないということと、人間平等主義を意味する。じつはよーくみると、このふたつのルールは、相互に矛盾するルールである。

つまり身分の高い低いはあっても、たとえ能力の差があっても、人間は平等でなければならない。この矛盾した意識から、前にふれたように、日本に独特の「妬み」の構造が生まれる。「世間」では、たとえ能力が高く、金持ちであっても、それだけでは社会的に勝者になることができず、他人から「妬まれない」ことこそが競争に勝利することであるという、独特の競争の構造をもっている。

問題なのは九〇年代以降、相互の格差が目立たない時代が終わり、「格差社会」に突入することによって、年収の差であるとか、住宅の差であるとか、乗っているクルマの差などがだれの目にも明らかになり、このルサンチマンによる「妬み」の意識が肥大化していったことである。

この「格差社会」への突入による「妬み」の構造の肥大化が、「ヤケクソ型犯罪」の根底にある。T元死刑囚が、池田小を襲ったのは、「世間」の「身分制」のなかで、しかし自分も「エリート」になれたはずであり、自分は運が悪かっただけだという、人間平等主義が生み出す「妬み」の意識を、「エリートの卵」に向けたためである。

裁判でT元死刑囚には、精神病院への入院歴があったことが明らかになり、責任能力の有無が争点となった。公判で二つの精神鑑定が提出されたが、いずれも統合失調症などの由緒正しい精神病を認めず、「人格障害」であるとしている。

T元死刑囚は、公判中被害者家族にたいしてまったく謝罪せず、事件にたいして一片の反省もみせず、犯行にいたった理由についての自己正当化に終始した。〇三年八月に大阪地裁で下された判決では、心神喪失・心神耗弱を認めず、情状酌量《しやくりよう》の余地がまったくないとして、死刑以外の選択肢はないと断定している。

第六章で詳しくのべるが、〈世間‐内‐存在〉としての刑事司法において「ゆるし」が発動される唯一の条件は、「世間」にたいする真摯な謝罪である。「呪術性」というルールがある「世間」においては、謝罪は一種「おまじない」のような効果をもつ。とにかく、本心とちがっていても、ひたすら謝罪し、「ゆるし」を乞うことがもとめられる。

だから逮捕された被疑者は取り調べで刑事に謝罪し、起訴された被告人は法廷で、傍聴席の被害者家族や裁判官や検察官に謝罪するのである。逆に謝罪しない、つまり「反省していない」「改悛《かいしゅん》の情のない」被告人にたいしては、重い刑罰が科される。

近代刑法は、おかされた犯罪行為にたいしてのみ責任を問う客観的な「行為刑法」だといわれるが、ここでは被告人の内面の思想を問う主観的な「思想刑法」（ナチス刑法が典型的な思想刑法であった）が存在しているかのようなのだ。

（6）危険な精神障害者が野放しになっている

T元死刑囚はこの事件をおこす二年前の九九年、小学校技能員の仕事をしていたときに、同僚の教師に精神安定剤入りのお茶を飲ませ、傷害罪で逮捕されたことがある。

問題なのは、そのさいに精神病を装い、不起訴処分となって精神病院に措置入院となったことである。しかもこの病院は、四〇日で退院している。だとしたら、T元死刑囚がこのとき不起訴処分にならずにきちんと処罰されていれば、「池田小事件」はおこらなくてすんだのではないか。

「世間」はこの事件をめぐって、「危険な精神傷害者が野放しになっている」として沸騰した。その批判は、「そうした人間が重大な犯罪をおかしても、刑罰を受けることなく野放しになり、市民の安全が脅かされている」というものだった。時あたかも、小泉政権の時代であり、法務省はそれまで虎視眈々《こしたんたん》と狙っていた保安処分制度の導入を、「心神喪失者等医療観察法」というかたちで、〇三年に実現させた。

この心神喪失者等医療観察法は、殺人や放火や傷害や強盗や強姦など重大犯罪をおかして不起訴または無罪もしくは執行猶予となった心神喪失者等について、その病状の改善と再犯防止を目的として、検察官の申し立てによって、審判をおこない指定医療機関への強制入院などを決定するという法律である。処遇の決定においては精神科医だけではなく、裁判官も関与する。

芹沢さんのいうように、一九八八〜八九年の「連続幼女殺人事件」においては、池田小事件と同じように責任能力が問題となったが、当時はM元死刑囚（〇八年に死刑執行）にたいして、事件の「異常性」の社会的背景が多くの論者によって語られた。つまりここには、個別の事情や背景を考慮するという、福祉国家的な「処罰福祉主義」的視点が存在していた。

しかし「池田小事件」では、同じように動機がわかりにくい事件であるにもかかわらず、T元死刑囚の社会的背景について語られることはなくなり、その代わりにたんに恐るべき「怪物」として、まったくの「はずし」の対象としてみなされることになった(芹沢一也『ホラーハウス社会』講談社+α新書、二〇〇六年)。つまり、厳罰化のなかで「処罰福祉主義」的視点が消滅したのである。

この「池田小事件」をきっかけに、心神喪失者等医療観察法の成立へと雪崩《なだれ》をうってむかっていったのは、前にのべたように、その底流に、犯罪被害者家族の側からと、精神障害者自身の側からの三九条にたいする異議申し立てがあったからである。しかしこの時代にそれが可能となったのは、明らかに刑事司法をとりまく広い「世間」の空気が、犯罪をおかした精神障害者への「ゆるし」から「はずし」へと流れをかえたからである。

私も当時のことを思い出すと、「あれよあれよ」という間に、唐突に「世間」の空気が大きく変わっていったのを覚えている。いったいなぜいま保安処分なのか。もちろん精神障害者の犯罪がとくにこの時期にふえたわけではない。当時はさっぱりわからなかったのだが、いまにして思えば、その流れを決定づけたのは、やはりこのときの「後期近代化」による新自由主義の台頭である。

当時の小泉政権は、この新自由主義にもとづく規制緩和・構造改革路線を強力に押し進めていたが、その根底にあったのは「強い個人になれ」というメッセージであり、「自己責任」というスローガンである。小泉政権当時の〇四年におきた、「自己責任論」にもとづくイラク人質家族への「世間」のバッシングが、これを象徴していた。

この「自己責任論」の立場からいえば、犯罪はあくまでもおかした個人の責任であり、同じ境遇にあっても犯罪をおかさない人間もいるのだから、社会的背景など特別に考慮すべきではない。しかも、自分がやった犯罪について、被害者感情を考えれば、精神障害者だから責任無能力で責任を負わなくともいいというのは納得できない。みんな例外なく平等に責任を負うべきではないかと。

このとき「世間」は、新自由主義の台頭にたいして、喘息や花粉症のようなアレルギー反応をおこし、〈世間‐内‐存在〉におけるルール強化と、〈世間‐外‐存在〉にたいする排除をつよめていた。前章でのべたように、これが九〇年代後半以降日本で厳罰化が進んだもっとも大きな理由であった。

この「世間」の「はずし」のターゲットとなったのが、「ゆるし」が発動されていた精神障害者であり、刑法三九条であった。その結果が、不起訴処分や公判で責任無能力や執行猶予となった精神障害者を、指定精神病院に強制入院させることのできる心神喪失者等医療観察法の成立である。

この心神喪失者等医療観察法は、圧倒的な「世間」の支持という空気のもとに成立した。しかし皮肉なことに、この法律は、新自由主義的な「自己責任論」が望んだような、犯罪をおかした精神障害者の処罰を可能にするものではなかったのである。

さらには犯罪被害者家族にとっても、犯罪がきちんと処罰されずに、いわば犯罪がおきたという事実は依然として闇から闇に葬られる点では、なにもかわっていない。また精神障害者にとっても、犯罪をおかした精神障害者が「裁判を受ける権利」を奪われている状態は同じなのだ。つまりこの法律によっても、刑法三九条はそのままであり、犯罪をおかした精神障害者はこれまでと同様に、処罰されずに精神病院に閉じ込められる。

しかも強制入院の可否の判断は、これまでの精神保健福祉法上の「医療上の必要」ではなく、「再犯防止」という「将来の危険性」に置かれる。犯罪をおかす「将来の危険性」など精神科医も含めて、だれも予測できないにもかかわらず、である。

つまりこの法律は、「ゆるし」としての刑法三九条にたいして、「犯罪をおかした精神障害者を処罰せよ」という、新自由主義的な「自己責任論」にもとづく「はずし」としての厳罰化の流れのなかで成立した。しかし実際は、犯罪をおかした精神障害者に責任を負わせ、かれらを処罰するのではなく、相変わらず精神病院に閉じ込めるという「ねじれ」た内容の法律になったのである。

(7)渋谷夫殺し事件と「ゆるし」の発動

これまでみてきたように、近代以前に犯罪をおかした精神障害者の免責や減刑は、「ゆるし」としてとらえられてきた。しかし近代にいたって、それが法の世界からの精神障害者の「はずし」として機能することになった。しかし日本では、九〇年代後半以降の厳罰化の流れはあるものの、刑法三九条は基本的には「ゆるし」として考えられてきた。

では、現実の裁判実務においては、責任能力がどのように考えられているのだろうか。ここで責任能力が争点となった典型的ケースである、〇六年の「渋谷夫殺し事件」の第一審判決を取り上げて考えてみたい。

この事件の被告人K子(事件当時三二才)は、〇三年に結婚したが、結婚直後から夫からさまざまなDVを受けていた。〇五年には鼻骨骨折などの重傷を負う暴行を受け、約一ヵ月間シェルターに入所していた。

その後K子は家に戻ったが、DVが続き、夫婦間のいさかいが絶えなかった。そのため、K子は夫にたいする怒りと憎しみをつのらせ、〇六年一二月ワインの瓶で頭部を殴打《おうだ》して夫を殺害した。この事件が「世間」の注目を集めたのは、夫殺害後、自宅マンションで遺体をのこぎりで切断し、バラバラの遺体をビルの植え込みや公園など、あちこちに遺棄《いき》したからである。

K子は殺人などの罪で起訴され、公判では弁護側、検察側双方の請求した精神鑑定がおこなわれ、ともに、K子は夫のDVによるPTSD（心的外傷後ストレス障害）の状態にあり、自分の行動を制御する能力がなかったとして、事件当時心神喪失の状態にあったとした。

検察側は、「有利な条件で離婚したいという殺害の動機は理解可能で、被告は証拠隠滅工作をするなど合理的に行動している」（『朝日新聞』二〇〇八年四月一一日）として完全責任能力を主張し、K子に懲役二〇年を求刑した。裁判所の責任能力の判断が注目されたが、東京地方裁判所は〇八年四月にK子に完全責任能力を認め、懲役一五年をいいわたした。

責任能力の判断が「世間」の注目を浴びたのは、検察側、被告側双方の鑑定人がともに心神喪失を指摘したからである。有罪を主張したい検察側の鑑定は、完全責任能力の方向で立証しようとするし、逆に無罪を主張したい被告側の鑑定は、責任無能力の方向をめざすのがふつうであるから、これはひじょうに珍しいケースといえる。

責任能力について裁判所はまず、責任能力の判断は、鑑定の結果だけでなく、被告人の犯行当時の行動などの諸事情を総合的に検討する、裁判所が行う法的判断であるという。ちょっと読んだだけでは、さほど重要なことをいっているようには思えないかもしれない。だが、じつはここで裁判所は「ウチらは鑑定の内容には拘束されません。なぜなら裁判所が一番エライから」といっているのだ。

一般に日本の責任能力の判例をみると、八〇年代後半ぐらいから、最高裁判所ははっきりと「鑑定は責任能力判断の資料にはするが、鑑定の内容に裁判所は拘束されません。文句あっか」という立場を明らかにしてきた（最高裁昭和五八年九月一三日第三小法廷決定。最高裁昭和五九年七月三日第三小法廷決定）。

これはコンベンション（規約）といって裁判所が鑑定に拘束されるドイツなんかとはかなりちがうし、そもそも法的に拘束されないのなら、いったい精神鑑定をやる意味があるのかということにもなる。

その上で判決は、K子が犯行直前に友人と対応したときにとくに異常さは認められないこと、犯行の状況を記憶していること、犯行後犯行の発覚を防ぐために合理的な行動をとっていることなどから、犯行時、短期精神病性障害は認められるものの、完全責任能力を認めた。

前にふれたように、日本の責任能力の判例をみると、そもそも精神障害者が起訴され正式裁判になるケースが、立件されたものの一〇％程度であり、公判で心神喪失を認められて無罪となるのは年一桁以下で、天文学的に少ない。

のこりのほとんどは完全責任能力になるかまたは心神耗弱者を認められて減刑される。そのときに、心神喪失を認めない理由として頻繁《ひんぱん》につかわれるのが、犯罪者―犯罪行為の「了解可能性」である。つまり、犯行前や犯行時や犯行後の状況が理性的であったり、合理的であるという理由で裁判官にとって「了解可能」であるとして、心神喪失を認めないのだ。

(8)刑法三九条の刑法典からの削除を

ところでこの事件の公判で鑑定医は、K子に行動制御能力がなかった（ゆえに心神喪失）とのべている。この鑑定医の心神喪失の指摘にたいして、裁判所は判決のなかで「しかし、相手を刺し殺す殺人の場合にも、それが悪いと知りつつ刺してしまうのであり、これも行動が制御できていないともいえる」と反論している。

前にいったように、日本の判例上、責任能力とは「是非善悪を弁別し、その弁別に従って行為する能力」であるが、「悪いと知りつつ」というのが「是非善悪の弁別能力」であり、「行動が制御でき」ていることが「行為する能力」のことである。

裁判所は、だからK子は心神喪失ではないといいたいのだが、じつはここではとんでもないことがいわれている。つまり先ほどのべたように、人に責任が負わされるのは、理性や自由意思をもち、犯罪をしない「選択可能性」(他行為可能性)があるからである。近代刑法ではそう説明する。

しかし判決では、ふつうの殺人でも、それが悪いと知りつつ刺すのだから、「弁別能力」はあるとしても「制御能力」(行為能力)はないといえるのではないか、といっている。これは裁判所自身が、日本の判例でもある近代刑法の責任能力の判断基準をまったく信じていないことを意味する。

しかしべつにこの判決文を書いた裁判官が、とくに奇っ怪な主張をしているわけではない。じつは日本の責任能力の判例をみると、そのほとんどが、具体的に「弁別能力」や「行為能力」の検討をしていない。はっきりいって、これは「していない」のではなく「できない」のだ。

なぜなら、先ほどのべたように、近代刑法が根底にもつ理性や自由意思をもった人間像というのはフィクションにすぎないからだ。そして、その代わりの判断基準となっているのが犯罪者―犯罪行為の「了解可能性」なのである。

さらに興味深いのは、判決が求刑二〇年にたいして懲役一五年にした理由である。判決では、量刑の理由として、夫からのDVによって地獄のような夫婦生活を送り、その生活がK子を絶望的な気持ちにさせ、夫に殺意を抱いたことに影響していること、さらには犯行時短期精神病性障害を発症していたことなど、K子に同情の余地が相当あるといっている。

これにたいして殺された夫の両親は、「懲役15年という刑については、親としては不満ですし、納得しかねます。責任能力を認めた点は評価したいと思います。しかし、夫婦間暴力については、息子が自分自身で反論もできないし、息子自身の言葉で事実を語ることができないという限界がありますから本当に悔しさを感じます。親としては、（検察に）控訴してほしいというのが正直な気持ちです」（『朝日新聞』二〇〇八年四月二九日）とコメントしている。

厳罰を望む被害者家族の立場からいえば、当然の主張である。しかし、裁判所は、弁護側の責任無能力の主張にたいして、完全責任能力であるとしたが、鑑定結果をまったく無視したのではなく、それを情状としてつかい、夫からのDVなどK子に同情の余地が相当にあるとして、二〇年の求刑にたいして一五年をいいわたしたのである。

つまり、ここでは刑法三九条は情状としてつかわれ、被告人にたいして「ゆるし」が発動されている。じつは日本の判例では、完全責任能力にせよ心神耗弱にせよ、三九条が情状としてつかわれるケースがきわめて多い。

先にのべたように日本の刑事司法では、〈世間‐内‐存在〉として被疑者・被告人・受刑者にたいして、「なるべく刑務所には入れない、入れてもすぐに出す」という「ゆるし」の原理がはたらいている。三九条をめぐっては、まず、検察官の「起訴便宜主義」によって、圧倒的多数が不起訴処分となる。

さらに起訴されたとしても、三九条をめぐって精神鑑定がおこなわれる場合に、心神喪失にせよ心神耗弱にせよ、被告人に「他行為可能性」があったのかなかったのかが検討されるのではなく、それが情状としてつかわれる場合がきわめて多い。つまりここでも、「ゆるし」の原理が作動している。

このように日本の刑事司法においては、おおむね三九条は被疑者・被告人という〈世間‐

内‐存在〉への「ゆるし」として作動しており、新自由主義の台頭による精神障害者の「はずし」という若干のゆらぎはあったものの、刑事司法を取り巻く広い「世間」も、それをばくぜんとながら支持してきた。

しかし私は、刑法三九条が犯罪をおかした精神障害者の裁判を受ける権利を奪い、法の世界からの「はずし」をおこなってきた以上、三九条は廃止されるべきだと考えている。それは、どんな人間のどんな犯罪行為にも、その人間の人生にとって固有の意味があり、そのことは、たとえ犯罪をおかした者が精神障害者であってもかわらないからである。

つまり三九条は、犯罪をおかした精神障害者から、犯罪という人生における固有の意味を奪い取っているといえるからだ（三九条をめぐる議論に興味のある人は、佐藤直樹『刑法39条はもういらない』青弓社、二〇〇六年を参照されたい）。

第五章

「ゆるし」としての少年法

「プチ世間」の登場

（1）七才ぐらいで「小さな大人」とみなされた時代

九〇年代後半以降の「はずし」としての厳罰化において、大きな変化があったのは、責任能力にかかわる二つの領域、すなわち精神障害者と少年の問題であった。前章では精神障害者の問題について検討した。ここでは少年の問題を考えてみたい。

まず近代以前に、犯罪をおかした子どもの責任はどのように考えられていたのだろうか？

歴史家のP・アリエスによれば、ヨーロッパでは、一八世紀までは現在いうような「子ども」は存在していなかった。もちろん生物学的な意味で、子どもがいなかったというわけではない。ヨーロッパの伝統社会においては、子どもはほぼ七才くらいから「小さな大人」とみなされ、大人にまじって徒弟修業や遊びをしていたという（P・アリエス『〈子供〉の誕生』杉山光信ほか訳、みすず書房、一九八〇年）。

当時七才までの子どもは、いってみれば「動物」と同じで、現在のように大人の関心が払われることはなかったし、「保護」の対象とも考えられていなかった。ちょっと信じられないかもしれないが、それは、大人たちが子どもをフリスビーのように投げて遊んでいて、時々落として死なせたなどという話があることでもわかる。

七才といえば、現在の学年で小学校二年生ぐらいである。いったいなぜ、七才ぐらいで大人とみなされたのか?

メディア理論の研究者であるN・ポストマンは、当時文化の伝承が口頭でおこなわれたために、自由に話すことができ、大人が話すことを理解できる七才という年齢が、大人になる年齢と考えられたからだという(N・ポストマン『子どもはもういない』小柴一訳、新樹社、一九八五年)。

近代以前において「小さな大人」としての子どもは、体は小さいが中身は大人とみなされたわけだから、大人と同様の処罰を受けたことは想像がつく。ただしサリカ法典(六世紀初め成立)やリブアリア法典(六三〇~七五〇頃成立)など、近代以前の法においても、子どもの責任年齢や刑罰軽減の規定が散見されるから、なんらかのかたちで「ゆるし」が発動されたことが考えられる。

ところが、一七世紀末から決定的な変化が生じる。公教育の登場である。産業社会の進展にともない、教育の手段としての学校が徒弟修業に代わり、子どもは学校に長期にわたって「隔離」されることになった。これをアリエスは「学校化」とよぶ。

重要なのは、この「学校化」によって子どもが家庭にとどまる期間が引きのばされ、「子ども時代」が確立し、子どもへの絶えざる関心が向けられるようになったことである。すなわち、「保護」の対象となるような「子ども期」が誕生したのである。

これは、それまでの文化の伝承が口頭や声でおこなわれたのにたいして、産業社会の発展による技術の高度化・複雑化によって、文化の伝承が書物によって、つまり文字によっておこなわれるようになったためである。

古典学者のW・J・オングは、文化を口頭や声などの会話で伝承するものを「一次的な声の文化」とよび、これにたいして、一二、三世紀ごろには文化を文字で伝承する「文字の文化」があらわれたという（W・J・オング『声の文化と文字の文化』桜井直文ほか訳、藤原書店、一九九一年）。オングのいう「文字の文化」の成立を背景として、大人とは書物が読めるような能力をもった人間と考えられるようになり、ますます「子ども期」がひきのばされていった。

前章でのべたように、一八世紀末には、理性や自由意思の存在を前提とする近代刑法が成立する。そこでは犯罪をおかした精神障害者は、自由意思や理性のない存在として、免責や減刑が認められた。同様に子どもは、「まだ未熟」で理性的存在になっていない者として、刑法上にさまざまな刑罰軽減の規定が置かれた。

一八世紀のイギリス法においては、七才までの子どもには重罪の責任が科せられず、八〜一四才では一応責任能力があると推定されるが、裁判所がその子どもに悪をなしえる能力があったと認定したときにのみ、有罪とすることができるとしている。

またドイツのバイエルン刑法典（一八一三年）においても、八才未満の子どもは処罰せずに家庭内の訓戒に委《ゆだ》ね、八〜一二才で責任能力があると認定された場合に、身体懲罰や軽懲役といった軽い刑を科し、一三〜一六才で責任能力があると認定された場合に、死刑や懲役を科すようなケースについては刑を軽減する規定がある。

すなわち、七才ぐらいまでの犯罪をおかした子どもは、まだ理性や自由意思がなく処罰されない。八才からは理性や自由意思があるものと推定されるが、処罰するかどうかは個別に判断されたということである。また、子どものための特別な法律はなく、大人の刑法典のなかに、責任能力にかんする規定として、子どもの刑罰軽減が置かれていた。

ここにある子どものイメージは、「自由意思で犯罪をおかした小さな大人」というものであって、底流に存在するのは、おかされた犯罪にたいして責任を問い、処罰をくわえる「犯罪―責任―処罰」という、通常の大人の刑事責任と同様の考え方である。大人と異なるのは、「小さな」大人であるために、多少の刑罰軽減がなされたことである。

ここでは処罰は、自由主義時代の旧派刑法学が主張するように、犯罪者の改善のためになされるのではなく、潜在的犯罪者を威嚇《いかく》し、犯罪を償うためになされると考えられた。そのため一九世紀にはいっても、イギリスでは威嚇の目的で、八才から一二才の五人の子どもが、小窃盗《しょうせっとう》のかどで絞首刑《こうしゅけい》になったという記録がある。

(2)「非行少年」の誕生

「自由意思で犯罪をおかした小さな大人」という子どものイメージは、一九世紀をつうじて徐々に変化し、一九世紀末の少年裁判所の登場によって、「まだ未熟」で「保護」が必要な「環境の犠牲者としての子ども」というイメージにとって代わることになる。その背景にあったのは、福祉国家の成立による「処罰福祉主義」の台頭である。

そのさいに英米において重要な役割を果したのが、さまざまな博愛・慈善団体の活動や児童救済運動などの「人道主義」的な活動である。

すなわち、一九世紀初めに子どもはきわめて安価な労働力とみなされ、かれらは鉱山労働や工場労働に従事していた。この惨状《さんじょう》にたいして、子どもは劣悪な環境の犠牲者なのだとして、子どもの労働を禁じた工場法の成立にいたる。

また、犯罪をおかした子どもと大人とを、同じ施設に入れることは危険であることが指摘された。つまり、刑務所は悪弊感染の場所であり、むしろ犯罪者をふやしているとして、子どもは「自由意思で犯罪をおかした小さな大人」ではなく、「環境の犠牲者」なのであるから、処罰より「保護」が必要であることが主張された。

二〇世紀の「処罰福祉主義」は、刑事司法への精神医学、心理学、犯罪学などの実証科学の介入を意味するが、精神障害者にたいしてだけではなく、子どもにたいしても、そのような目が向けられることになった。つまりそれは、一七世紀末から徐々に形成されてきた子どもへの「保護」のまなざしである。やっかいな問題をおこそうとする子どもは、ヤングのいう「福祉国家とその役人たちにとってじつに仕事のしがいのある、歓迎すべき挑戦相手」(『排除型社会』)となったのである。

世界史的にみて、少年の「保護」を目的として、成人の裁判所とは分離された少年のための特別の裁判所を初めて設けたのは、一八九九年のアメリカ・イリノイ州の少年裁判所法であった(これとは別に、ノルウェーにおいて一八九六年に児童福祉審判所が設置されている)。

ここにおいて、「保護」の対象となるような「少年」という概念が初めて成立する。この少年裁判所は、少年は大人のような理性や自由意思をもたない「まだ未熟」な存在であり、可塑性《かそせい》（教育可能性）があるから、処罰より「保護」が与えられなければならないとした。

少年裁判所に関する著作のあるA・M・プラットのいうように、問題なのは、そのために、これまで取るに足らないこととされていた、犯罪とはいえないような、「秩序紊乱《びんらん》行為」「不道徳な行い」「浮浪」「怠学」「手に負えない不行状」などが、「非行」や「前非行段階の行為」とみなされることになったことである（A・M・プラット『児童救済運動』藤本哲也ほか訳、中央大学出版部、一九八九年）。

いいかえれば、このときに初めて「非行少年」が誕生したことになる。

非行少年は、理性への途上にある「まだ未熟」な人格であるから、その犯罪や非行はできるだけ早期に発見され、治療が施されなければならない。「処罰福祉主義」は、犯罪や非行は病気と同じであって、病気であるかぎり治療しうるから、処罰ではなく治療たる教育と「保護」が必要であると主張し、少年への国家の介入を正当化した。

この国家の介入を支えた理論が、パレンス・パトリエとよばれるものである。日本語で「国親思想」と訳されるこの奇妙な言葉の意味は、精神障害者や子どものように責任能力がないとみなされる者にたいして、国が慈悲深い親のように、かれらを保護する権限を行使しうるということである。重要なのは、このような「保護」の裏側には、必ず国家による介入や強制が貼りついている、ということである。

さらにこの「要保護性」（保護が必要であるかどうか）の判断は、科学的におこなわれなければならない。大人の「責任主義」に代わるこの「保護主義」においては、刑罰が一律に適用されるのではなく、精神医学、心理学などの科学的知見が動員され、社会調査がほどこされ、少年の個別的な状況にあわせて保護処分が決定される。

つまりこの処分は、大人のように、おかされた犯罪行為にもとづき責任を決め、さらにはその責任に見合った処罰をする「犯罪―責任―処罰」ではなく、少年を全体として評価し、責任より将来の犯罪（非行）予防に重点をおき、処罰ではなく「保護」としての処遇をおこなう「評価―予防―処遇」というプロセスをとることになる。

したがってここでは、裁判所の自由な裁量の余地がきわめて大きく、処分がきわめて恣意的におこなわれる可能性がある。たとえば、当初少年裁判所が民事を管轄する裁判所とみなされたために、デュープロセス（適正手続き）の保障が適用されず、刑事裁判で当然与えられる諸権利が与えられなかった。

さらに観護措置などの少年の拘束は、それが処罰とよばれようと「保護」とよばれようと、自由の剝奪にはちがいがない。しかし、それが処罰とよばれず、「保護」とよばれることによって、少年へのさまざまな「処罰福祉主義」的な、国家による強制が正当化されることとなった。

つまりここでは、一九世紀までの自由主義的な「自由意思で犯罪をおかした小さな大人」という子どものイメージから、二〇世紀以降の「処罰福祉主義」的な「環境の犠牲者としての子ども」という少年のイメージへの、ドラスチックな転換があった。

では、このような「処罰福祉主義」的な少年の像は、日本にどのように輸入され定着することになったのか?

芹沢さんによれば、日本においてその理論的支柱を与えたのは、一九〇六年におこなわれた法学者の穂積陳重《ほづみのぶしげ》さんの「米国に於ける子供裁判所」という講演である。そのなかで穂積さんは、アメリカの少年裁判所の「保護主義」を紹介している。

このような講演がきっかけとなって、少年法立法運動がおき、これまであった感化法（一九〇〇年制定）にくわえて、一九二二年に旧少年法が制定された。その内容は、一八才未満を少年とし、まず検察官が刑事処分とするか保護処分とするかを決め、保護処分が必要な少年には「少年審判所」で、矯正院への収容、寺院、教会、民間の保護団体への委託などの保護処分を科すというものであった（『ホラーハウス社会』）。

ここにあるのは、「環境の犠牲者としての子ども」という少年のイメージであり、したがって少年審判所の手続きは、少年の「評価—予防—処遇」でなければならないという「処罰福祉主義」にもとづくものであった。

「保護」を名目として国家の介入を正当化するパレンス・パトリエの原理は、当時の「世間」の人々にとって、おそらく馴染《なじ》みやすいものだったのではないかと思われる。「世間」には「身分制」や「共通の時間意識」というルールがあるために、目上・目下の関係が親子の関係として語られることが少なくない。経営者と従業員との関係を、親子関係になぞらえる経営家族主義などは、その典型である。

もともと日本には、この種の「慈悲深い親」によるパターナリスティックな「おせっかい」がきわめて多いが、「世間」にとって、「環境の犠牲者としての子ども」という子どものイメージや、それを支える「保護主義」という考え方は、少年への「ゆるし」として受け入れやすかったのではないかと思われる。

現行の少年法は、戦後この旧少年法を改正して一九四九年に施行されたものである。少年法一条はこの法律の目的として、「少年の健全な育成を期し、非行のある少年に対して性格の矯正及び環境の調整に関する保護処分を行う」と、「健全な育成」や「保護処分」などの言葉で、明確に「保護主義」に立つことを宣言している。

ところが九〇年代後半以降、このような少年のイメージにゆらぎが生じ、少年法の「保護主義」にも、疑問がもたれるようになった。

(3) 子どもは再び「小さな大人」になった

「環境の犠牲者としての子ども」という少年のイメージのゆらぎの、大きなきっかけとなった事件がある。

九三年一月におきた「山形マット死事件」である。

この事件は当時中学一年生だったY君(一三才)が、学校で繰り返しいじめをうけていたが、ある日「瞬間芸」を強要され、これを拒否したために、体育館の用具置き場に丸めて立てかけてあった体操用マットに、逆さに押し込まれ窒息死したものである。

幼稚園の園長をしていたY君の父親は、事件の一七年前にこの町にやってきた「ヨソ者」

であった。当時の新聞に、以下のような記事がある。
「五年前に新築した家のしゃれた白壁が、白い家並みにひときわ目立つ。百八十人の園児が通う幼稚園は昨年暮れ改築し、室内プールが付く。家族でハワイ旅行もした。『アガスケだ』事件翌日、年配の住民がぽつりと、一家のことをそう言った。『生意気』という意味だ。その四日後、監禁致死容疑などで逮捕された生徒の中に、その住民の血縁者がいた。幼稚園で賄いをしていた女性が辞めた。逮捕された別の生徒の血縁者だった」(『毎日新聞』一九九三年一月三〇日)。

第一章でのべたように、「世間」には「身分制」と「共通の時間意識」というルールがあるために、独特の「妬み」の意識が生まれる。「世間」ではカネ持ちであっても、けっして「目立って」はならないのだ。Y君一家は「ひときわ目立つ」ことで、「アガスケ」だと周囲の「世間」から見られていた。

学校でのY君への日常的いじめは、大人の「世間」でのY君一家への評価と、ちょうど相似形でおきている。Y君へのいじめの直接的なきっかけが、「標準語をしゃべる」ことにあったというが、それはY君一家が「ヨソ者」であることと相似形である。

すこし奇妙に思えるのは、同じ記事のなかで、以下のようなことが語られていることである。

「小学校を卒業する時、両親にあてた作文がある。『中学はどういう世界なのか。あまりめいわくをかけないようにしたい』わずか十九行の文に三度『めいわくをかけたくない』という言葉が出てくる。父に泣きついたことは一度もない。なぜいじめられるのか。自分はどう見られているのか。どう振る舞えばいいのか。必死に考え、一人で乗り越えようとしていた。父は、そう思う」。

いったい小学生のY君は、だれにたいして「めいわくをかけたくない」と思っているのだろうか?

それは、「世間」にたいしてではないか。「世間」には「共通の時間意識」というルールがあり、そこから個人の不在と人間平等主義が生まれ、お互い傷つかないような「配慮」がもとめられる。「めいわくをかけたくない」というのは、この「配慮」のことである。

私は、のちにこれを「プチ世間」と名づけたのだが、おそらくこの時代ぐらいに、小学校高学年の段階から、大人の「世間」をなぞった「プチ世間」が、子どもの間で生まれつつあったのではないか。

つまり子どもは、再び「小さな大人」になったのではないか。

それには理由がある。先ほどのべたように、ヨーロッパ中世において子どもは「小さな大人」であった。八〇年代後半以降、日本は「高度消費社会」の段階に入ったが、それを一言でいえば、学校や家族などそれまでけっして市場化しえなかったものが、「ある限度」をこえて市場化＝商品化される「過剰商品化」の状態である。

市場化された学校や家族のなかで、子どもはおカネをもつことによって、一個の消費者として、体は小さいが中身は大人としての「小さな大人」となった。おカネをもっているという点では、大人と子どもを区別する必要はないからである。

さらに、かつて七才以上の子どもが「小さな大人」だったのは、文化の伝承が口頭や声でおこなわれたため、しゃべることができれば大人とみなされたからである。「高度消費社会」は、テレビ、電話、パソコン、ケータイという電子メディアを生み出すことによって、再度文化の伝承が映像や声で可能となった。つまり文字を読めなくとも、文化の伝承者になれる。

さきほどのオングは、一九九〇年代あたりから、電子メディアの普及によって、それまでの「文字の文化」に代わって、「二次的な声の文化」が成立したといっている。このオングのいう「二次的な声の文化」によって、映像や声を理解できる子どもは、「小さな大人」とみなされるようになったのだ。

それまで「世間」は大人の専売特許だった。子どもは、ガキ大将がいるなど大人とは異なった独自の世界の住人であったはずである。ところが子どもが「小さな大人」になることによって、子どもも「世間」のルールに縛られるようになった。

子どもが大人の「世間」をなぞった「プチ世間」をつくるようになったのは、子どもが「小さな大人」になることによって、大人の「世間」との間の、それまであった境界がなくなったからである。

「高度消費社会」への突入は、一切のものを市場化＝商品化していった。そのことによって、「小さな大人」となった子どもも大人と同様の商品経済にまき込まれるようになり、その結果、大人と子どもとの境目がなくなっていったのである。そのため人間関係においても、大人と子どもとの間の境界がなくなり、大人の「世間」と子どもの「プチ世間」とが、地続きになったのである。

私がこの記事を読んで奇妙に感じたのは、どこか目に見えぬところでとてつもない地殻変動がおき、子どもが大きく変化しているのではないかと、なにか不気味な感じがしたからである。

また、この文化史的な子どもの「小さな大人」化によって、しだいに刑事司法上の子ども像も変化してゆくことになる。

たとえばヨーロッパ中世においては、「小さな大人」とみなされた七才ぐらいが刑法上の刑事責任年齢（大人と同様に処罰することが可能となる年齢）であり、それ以下は子どもとみなされて刑事上の責任を問われなかった。

ところが歴史的にはその後、アリエスのいう「学校化」によって「子ども期」が確立し、大人になる年齢が上昇するにつれて、刑事責任年齢も徐々に上昇してゆく。一八世紀のイギリス法やバイエルン刑法典（一八一三年）では、刑事責任年齢を八才としたが、ドイツ帝国刑法典（一八七一年）では、一二才と規定する。現在の日本のように刑事責任年齢が一四才ぐらいになったのは、世界的にみても、最近のことである（ただし現在でも、イギリスでは一〇才である）。

このように歴史的にみて、文化史的な子どもの扱いの変化は、刑法上の刑事責任年齢の変化とパラレルになっている。それゆえ今日生じているような、文化史的な子どもの「小さな大人」化が、刑事司法上の少年の取り扱いの変化、たとえばあとでふれるように、少年法における逆送年齢の引き下げなどの変化としてあらわれるのである。

(4)少年法の「評価―予防―処遇」への疑問

この事件ではもうひとつ重要な問題が浮上してくる。「評価―予防―処遇」という、「処罰福祉主義」にもとづく少年法の保護主義的な手続きそのものへの、異議申し立てがなされるようになったのだ。

この事件ではY君を殺害した容疑者として、同じ中学校の主犯格三人が逮捕され、一四才の刑事責任年齢にたっしていなかったために、四人が補導された。逮捕された三人はいったんは自供したが、その後付添人(弁護人)がつき少年審判でアリバイを主張した。家裁は警察の調書が信用できないとして、無罪にあたる不処分決定を出した。

補導された四人については、児童相談所に送られた。四人のうち二人が事件への関与を認めたが、のちにその一人は否認に転じた。事件への関与を認めた一人は、在宅での教育指導となった。事件への関与を認めなかった三人は家裁に送致され、家裁では、二人が初等少年院送致、一人が教護院送致となった。

家裁に送致されたこの三人は、高等裁判所に抗告したが、高裁はこの抗告をしりぞけた。

ところが高裁は、決定のなかで三人が事件に関与したことを認めた上に、不処分が決定していた主犯格の三人についても事件への関与を認めた。

つまり、ほんとうはY君がだれに殺されたのか、完全にヤブのなかにはいってしまったのだ。被害者家族にとって、これほど耐えがたいことはない。Y君の父親は、主犯格の三人が不処分となった家庭裁判所の決定にさいして、「じゃあだれがうちのYを殺したのかという疑問でいっぱい。法治国家と言えないのではないか」（『朝日新聞』一九九三年八月二三日夕刊）と、怒りをあらわにして語ったという。

Y君の父親が「法治国家と言えない」といっているのは、この事件が成人がおこしたものであれば、マットに巻いて死亡させるという行為は「いじめ」ではなく、たんに殺人罪なり傷害致死罪なり、監禁致死罪なりに該当する行為であり、ようするに由緒正しい犯罪として公開の法廷で裁かれるべきものだからである。

通常の刑事裁判における「真実の追求」のようなものがあいまいにされるのは、家裁の少年審判が、「保護主義」というベールに包まれているからである。しかも、少年審判は「少年の健全育成」、すなわち「保護主義」のもとにおこなわれるので非公開である。被害者の遺族はいかなる情報も、家庭裁判所を含めて、だれからも得ることができなかった。

少年法は、「環境の犠牲者としての子ども」という少年のイメージをもとにつくられている。家庭裁判所の審判は「評価—予防—処遇」という構造をもつため、その性格上、事実を究明するより、その少年についての評価、とくに「要保護性」があるかないかの判断に中心がおかれる。

のちに警察の初動捜査が、見込み捜査や無理な取り調べなど、かなりズサンだったことがわかる。しかし少年審判は、成人の裁判とは異なり、少年に付添人（弁護人）はつくが検察官の関与はなく、弁護側と検察側が対峙《たいじ》する「対審構造」になっていない。そのため少年が事件への関与を否認したような場合に、事実関係を十分に吟味することができない。

この少年審判における事実認定の手続きを見直す動きとして、九六年になって、法務省、最高裁、日弁連の三者が、協議を開始した。

しかしこれは少年法の手続きの欠陥というより、その基本理念である「保護主義」に問題があるのではないか。つまり「まだ未熟」な少年にたいする、「ゆるし」の手続きである少年法が前提としている「環境の犠牲者としての子ども」というイメージが、ゆらぎはじめたのだ。

このイメージのゆらぎの背景にあったのは、子どもがすでに「小さな大人」になっているのではないかという、子どもにたいする「世間」のまなざしの変化である。

(5) 少年犯罪はとくに凶悪化していない

山形の事件の四年後に、「環境の犠牲者としての子ども」という少年のイメージをほとんど決定的に変えるような事件がおきる。

一九九七年五月におきた「神戸連続児童殺傷事件」である。

事件は異様な幕開けではじまった。当時行方不明になっていた小学六年の男子（一一才）の切断された頭部が、付近の中学校の校門で発見された。その頭部には、短冊状の紙片がはさまっており、その紙片には「さあ、ゲームの始まりです」ではじまる犯行声明が書かれていて、犯人は自らを「酒鬼薔薇」と名のっていた。

警察は大捜査体制を敷いたが、事件のあまりの異様さにメディアの報道も過熱した。その後報道機関あてに、「酒鬼薔薇聖斗」名で「犯行声明文」が届いた。事件発生から一カ月後の六月になって、兵庫県警は、事件の容疑者として中学二年の男子のB少年（一四才）を逮捕したと発表した。

取り調べのなかでB少年は、九七年二月におきた通り魔事件、小学四年の女子が死亡し、小学三年の女子が重傷を負った三月の殺人・傷害事件も自供した。八月に神戸家裁は少年審判の開始を決定、精神鑑定をおこない、一〇月に、B少年の責任能力を認めた上で、医療少年院に送致するという保護処分の決定をおこなった。

当時少年法は、検察官への送致年齢を一六才以上としており、一四才だったB少年は、刑法四一条によって一四才という刑事責任年齢にはたっしてはいたが、成人と同様の刑事処分は科せられないという微妙な年齢であった。

すでにのべたように、「世間」は子どもが「小さな大人」になっていると考えるようになって、「環境の犠牲者としての子ども」という少年のイメージが微妙にゆらいでいた。そこにおきたこの衝撃的な事件にたいして、「世間」は「少年犯罪は凶悪化している。少年法は甘すぎる」として沸騰した。

このような「世間」の非難の空気を背景として、『週刊新潮』などの雑誌メディアは、少年法六一条を無視して、少年の写真を掲載した。六一条は「保護主義」にもとづき、少年を特定できるような情報の掲載をメディアに禁じているが、憲法の表現の自由との関係で罰則がなく、同様の情報がネット上でも流された。

事件をめぐっては、犯罪がなぜおかされたのか、さまざまな「解釈」がほどこされた。とくに、当初、学校との間のトラブルがあったかのように報道されたために、学校教育のもつ問題に焦点が集まった。

しかしこうした「解釈」について、殺害された小六男子の父親は、少年の心の闇を理解しようとして、学校教育など少年を取り巻く学校や社会に問題があったとする、一見耳にここちよいこうした意見は、少年への「同情」へと流される、被害者にとって耐え難いものだと発言している（土師《はせ》守『淳』新潮文庫、二〇〇二年）。

そしてこのような犯罪被害者家族の声を背景として、少年への厳罰化のまなざしが、「世間」の空気としてしだいに醸成されてくる。

芹沢さんは、B少年への同情を導くような、こうした社会のまなざしが大きく変わっていったのは、九八年の「黒磯市女性教員刺殺事件」からだったと指摘する。

この事件は、遅刻したことを休み時間に注意された中学生が、女性教師をナイフで刺殺したものである。それまでだったら、学校でおきた事件でもあり、学校教育の問題として語られることがふつうであったのに、急に「普通の子が突然キレる」という論調が支配的なものになったという。

つまり突然、少年全体が不気味で危険な存在であるかのように語られるようになった。ようするに、「この時、社会は少年を理解しようとする意思を捨てたのだ」（浜井浩一／芹沢一也『犯罪不安社会』光文社新書、二〇〇六年）。

このときに語られたのが、先ほどの「少年犯罪は凶悪化している。少年法は甘すぎる」というものである。しかし、戦後の少年犯罪の統計をみれば、重大犯罪のうち唯一増加傾向を示しているのは強盗だけだ。しかも、これは統計上の操作をおこなったためだという説があるくらいで、あまりあてにならない。もっとも暗数の少ない殺人件数でいえば、一九七〇年代以降、増加どころか激減しているのである。

ようするに「世間」はこのとき、少年犯罪が「凶悪化」しているわけでもないのに、この時代の全体的な厳罰化の空気のなかで、「処罰福祉主義」にもとづく少年への「ゆるし」としての「環境の犠牲者としての子ども」というイメージを捨てたのだ。そして、「世間」からの「はずし」としての「自由意思で犯罪をおかした小さな大人」というイメージへと回帰してゆく。

その結果生まれたのが、二〇〇〇年の少年法改正である。この改正は、戦後五〇年の少年法の歴史のなかでも、その基本的理念であった「処罰福祉主義」を後退させるという意味で、決定的意味をもつ重大な変更である。その内容は以下の通りであった。

第一に、厳罰化である。すなわち、刑罰が適用できる年齢を一六才から一四才に引き下げ、さらに一六才以上の少年による故意の殺人事件は、原則として検察に送られることになり、家裁で扱うことができなくなった。

これはとくに「神戸連続児童殺傷事件」で、当時の少年法の規定する検察官送致（逆送）年齢が一六才であったために、刑法上の責任年齢が一四才であるにもかかわらず、当時一四才だったB少年が刑事処分を受けなかったことへの、「世間」の強い非難の影響が大きい。

背景にあったのは当時の少年犯罪にたいする厳罰化の空気だが、それは、子どもが「環境の犠牲者としての子ども」というイメージから、「自由意思で犯罪をおかした小さな大人」というイメージとしてとらえられるようになったことを意味する。

第二に、対審構造の導入である。すなわち、家裁の審判はそれまで裁判官一人でおこなわれてきたが、三人の合議制となり、死刑や無期懲役、二年以上の懲役・禁錮にあたる重大な犯罪の場合に、検察官の出席が可能となった。

これは「保護主義」にもとづく少年法の手続きが、「評価—予防—処遇」というものであったことにたいして、とくに「山形マット死事件」をきっかけとして、犯罪事実の究明が十分にできないとの批判を受け、「犯罪―責任―処罰」という成人の手続きを一部導入したものである。

第三に、犯罪被害者家族にたいする配慮である。すなわち、被害者家族からの要求があれば、捜査記録の閲覧・謄写《とうしゃ》ができ、被害者家族の意見聴取も可能となった。さらに処分の決定内容を被害者家族に通知できることになった。

それまで犯罪被害者家族は、少年の事件についてほとんどなんの情報も得ることができなかった。被害者家族の運動の展開と、それにたいする「世間」の同情と共感の拡大によって、このような「情報開示」が実現したのである。

さらに第三章でふれたように、〇八年少年法改正によって、殺人など重大な事件で、被害者家族の審判への傍聴を認め、家族が裁判所書記官らから審判の状況の説明を受けられるようになった。「保護主義」にもとづく少年審判は非公開が原則であったから、これは「保護主義」を一部崩壊させるものだといってよい。

(6)「プチ世間」の誕生

これまでのべてきたように「高度消費社会」への突入によって、子どもはしだいに「小さな大人」としてとらえられるようになってゆく。「世間」の「はずし」としての子どもへの厳罰化の背景には、こうした子どものイメージの変化があった。

「小さな大人」になることによって、子どもたちは大人の「世間」をなぞった「プチ世間」に縛られるようになった。つまり「プチ世間」の誕生である。そのことを象徴するような事件が〇四年六月におきている。

「佐世保小六女児同級生殺害事件」である。

長崎県佐世保市の小学校六年の女児（一一才）が、校内で同級生の女児をカッターナイフで切りつけ死亡させるという衝撃的な事件であった。この事件でもっとも不可解だったのが、被害者・加害者の女児がふだんまわりから「仲がいい」とみなされていて、なぜ殺害という重大な結果をひき起こすような事態に至ったのかが、さっぱりわからないことだった。

しかし、ノンフィクションライターの小林道雄さんは、いまの子どもたちは小学校高学年ぐらいから群れていないと不安で、そこにしか生きる世界がないという、ある調査官の証言を紹介している。そこでは、お互い縛り縛られあって、やれ携帯だメールだといって「つながってなくちゃなんない症候群」の状態にあるという（小林道雄「感受性の未熟さが非行を招く」『世界』二〇〇一年一月号)。

また犯罪社会学者の土井隆義さんは、現代のいじめは「優しい関係」の産物であり、子どもたちはみずからの存在を安泰にするために、関係性のなかで竦《すく》み合い、その反動として集団規範への過剰同調を強いられているという。つまり「学校では、ほとんど毎日、友だちに気を遣ってなくちゃ生きていけない」という(土井隆義『「個性」を煽られる子どもたち』岩波ブックレット、二〇〇四年)。

社会学者の指摘する、近年の「親密圏における人間関係の濃密化」といわれているものが、この「つながってなくちゃなんない症候群」や「優しい関係」である。よーくみてみると、ここにある人間関係とは、大人の「世間」における人間関係とまったく同じであることがわかる。

すなわち、「世間」には「共通の時間意識」があり、そこでは個人が不在であり、人間平等主義が作動している。個人がいないために、自他の区別がつきにくく、お互い距離のとれた関係にはならず、やたらに「つながってなくちゃなんない」と思う。

人間平等主義があるために、「出る杭は打たれる」ので、でしゃばらないようにつねに他人に「配慮」をしていなければならない。そのために、人間関係に軋轢《あつれき》や対立があっても、それが表面化しないように「優しい関係」を保っていなければならない。

前にのべたように、かつて子どもは、大人の「世間」とは異なる独自の世界をもっていた。しかし、子どもが「小さな大人」になることによって、大人と同様の「プチ世間」のルールに縛られるようになった。

その背景には、第三章でのべたように、とくにここ一〇年ぐらいの新自由主義の台頭による、「世間」のウチにおけるルール強化と、「世間」のソトへの排除拡大があった。そしてそれは、大人の「世間」において生まれるようなストレスを、子どもも抱え込むことになったことを意味する。

だからこの事件にあるように、まわりから「仲がいい」とみなされていたとしても、それは「つながってなくちゃなんない症候群」のなかで、「優しい関係」を強いられているだけなのかもしれない、と考える必要がある。つまり「プチ世間」のなかでは、人間関係における軋轢や対立が表面化することがもっとも嫌われるから、表面上「仲がいい」ことを装わなければならない。

殺害の直接のきっかけは、クラスで被害女児におぶさったときに「重い」といわれたことや、ネット上のトラブルであったことが指摘されている。ごく些細な事柄にみえるかもしれないが、いつも友だちに気を遣っていなければならないような、ひどく疲れる生活を日常的に強いられていれば、突如関係ぜんぶをぶちこわしてやるという気分になるのも、わかるような気がする。

それゆえ、この佐世保の事件の根底にあるのは、小学校高学年ぐらいから、すでに子どもたちが学校や地域で小グループ、すなわち「プチ世間」をつくり、それに縛られるような生活をしていることであると考えるしかない。

さらに問題なのは、家裁がこの加害女児に精神鑑定をおこなったことである。そもそも一一才の児童に精神鑑定を実施する意味があるのかどうかも不可解なのだが、そのなかでは、精神的な病気や発達障害などはみられないが、知能や情緒《じょうちょ》面での検査から、女児は同年代の子供に比べてきわめて未成熟な部分があり、感情が欠如しており、またコミュニケーション能力が欠如している、とされた。

〇四年九月、長崎家裁佐世保支部は、この精神鑑定を全面的に採用し、女児を児童自立支援施設送致とした。ところが、鑑定結果をなぞっただけの家裁の決定にある「感情が欠如」や「コミュニケーション能力が欠如」にたいして、女児をよく知る同級生や保護者から異論があがった。

それによれば加害女児は、友だち宅に遊びにいったさいに、友だちが人から悪口をいわれたときに、「気にしないでいいよ」というように目配せをしたり、一緒に宿題や、テレビゲームで遊んだりしていた。「コミュニケーションが取れないなら、目配せしたり、仲良く遊べたでしょうか」と、友だちの母親は家裁決定に疑問をもっているというのだ（『毎日新聞』二〇〇五年三月一六日）。

つまりここで問題なのは、加害女児の個人的な内面心理などではないということである。精神鑑定をおこない、女児の内面心理をさぐっても、由緒正しい精神病がみつからなければ、せいぜいそこにあるのは「感情が欠如」や「コミュニケーション能力が欠如」ぐらいである。それは、「性格が悪い」といっているのと大差ないのだ。

ここで本当に問題なのは、このような「目配せしたり、仲良く遊べた」という「優しい関係」への同調圧力を強いる、「プチ世間」の構造そのものである。しかしこのように、近年動機の不可解な少年事件に精神鑑定が乱用されるようになったのは、すべての問題を個人の内面心理に還元する「心理主義」がつよまったからである。

その背景にあったのは、「小さな大人」の誕生と、新自由主義による「自己責任論」の台頭であった。それが「処罰福祉主義」を後退させ、事件がおきた社会的背景やまわりの環境を一切捨象した上で、すべてを個人の内面心理の問題に還元しようとする傾向をつよめたのである。

(7)「処罰福祉主義」の後退と「はずし」

近年少年犯罪は、増加してもいないし凶悪化もしていない。

だとすれば、このような「山形マット死事件」にはじまり、「神戸連続児童殺傷事件」をへて少年法改正にいたる、「世間」の空気の厳罰化への転換、すなわち「処罰福祉主義」の後退による、少年への「ゆるし」から「はずし」へのドラスチックな転換は、いったいなぜおきたのか。

それには、以下のような三つの理由が考えられる。

まず第一に、犯罪被害者家族のさまざまな運動の進展と、それにたいする「世間」の同情と共感の拡大である。

こうした状況が生まれたのは、以下のような理由がある。すなわち、それまで保護主義を原則とする少年審判の手続きにおいては、犯罪事実よりも少年の「要保護性」が問題となるために、犯罪そのものや犯罪被害が問題とされず、そこに犯罪被害者家族が存在する余地がなかった。少年審判が犯罪被害者家族にたいして非公開であったのも、そうした理由があった。

ところが子どもの「小さな大人」化によって、しだいに「世間」の側が子どもを「大人」とみなすようになり、犯罪被害者家族の側から出た「通常の大人の手続きのように、犯罪事実を明確にし、少年の厳罰化を」という要求にたいしてつよい関心をもつようになった。つまり、「世間」の被害者運動への同情と共感の拡大の根底には、子どもの「小さな大人」化という時代的変化があった。

それは、「山形マット死事件」の被害者Y君の父親の言葉のように、「法治国家」への要求、つまり「評価—予防—処遇」という少年審判の手続きへの不信からはじまった。

少年審判では、少年に「要保護性」があるかないかが問題となるために、「犯罪—責任—処罰」を原則とする成人の裁判であったら当然の、事実の究明がないがしろにされているという批判であった。

さらには、「神戸連続児童殺傷事件」の被害者家族の発言のように、少年法の「環境の犠牲者としての子ども」というとらえ方が、結局少年の責任をあいまいにしているという批判であり、それは「自由意思で犯罪をおかした小さな大人」という考え方を要求するものであった。

「世間」は、こうした被害者家族の運動や主張に同情と共感をもつようになり、それが少年へのまなざしの転換につながったのである。

ただ注意しておかなければならないのは、「世間」が犯罪被害者家族につねに同情し共感するかといえば、そうではないということである。「世間」には「共通の時間意識」というルールがあり、このルールを無視すると「出る杭は打たれる」ことになる。つまりあまり目立ってはいけないのである。

たとえば、九九年五月に自分の息子（高校一年）を集団リンチで殺されたある母親は、事件の翌年にホームページを開設した。未成年の犯人たちは傷害致死で逮捕されたが、刑事裁判を受けることなく、家裁の審判で少年院送致となった。だが、家族には司法解剖《かいぼう》の結果も、息子がどのように死んでいったのかも明らかにされず、警察の捜査に納得できなかったのである。

そのホームページで少年法改正問題の掲示板を設けていたが、その掲示板は「荒れた」状態になったためにやむなく閉鎖。さらには「HPを拝見すると、一番悪いのはあなたの伜ではないですか」「まだ、やっているのか」「みんな、お前のせいで迷惑している」という内容の匿名の手紙が届いたりした（片山一弘「犯罪被害者を襲う、匿名の悪意」『ヨミウリウィークリー』二〇〇三年一一月九日号）。

私がいつも不思議に思うことだが、「世間」には、このように自分に危害がくわえられたわけでもなく、直接なんの関係もないのに、メディアの報道やホームページをみて、あたかも「我がこと」のように考え、卑怯にも匿名で、いやがらせの手紙を出したり、無言電話をかけたり、メールを送ったり、ブログを炎上させたりする人たちが、かなり沢山いるらしいことである。

おそらく「世間」が「我がこと」のように考えるのは、「共通の時間意識」があり、個人が存在せず、自他の区別がつきにくいため、同情と共感を生みやすいからである。そしていったん〈世間‐内‐存在〉として「我がこと」のように考えると、当事者と自分との区別がつかなくなり、「迷惑をかけられた」と本気で思うようになる。そうなると、「迷惑をかけた」と考える対象にたいして、直接なんの関係もないのに、〈世間‐外‐存在〉として「はずし」をおこなうことになる。

とくにブログの炎上に関しては、「ブログ元年」とされる〇四年あたりからふえているといわれる。自分に危害がくわえられたわけでもないのに義憤にかられ、「もし、この記事で傷つく人が出たらどうするのか！」などと匿名で発言者を糾弾する。そうなるのは、ネットの世界が非寛容で、そのなかでは「空気読め」が蔓延しているからであり、上からものをいったり、自慢をするなど、少しでも目立つと叩かれるという（中川淳一郎『ウェブを炎上させるイタい人たち』宝島社新書、二〇一〇年）。

「世間」は、「世間」のルールを守り〈世間‐内‐存在〉にいるかぎり、犯罪被害者家族に同情し、共感もするが、自己主張をして目立ったり、「世間」のルールを逸脱したような場合には、同情と共感が反転してひどいバッシングとなる。つまり〈世間‐外‐存在〉として「はずし」を作動させる。「世間」の同情と共感は、このような条件付きであることを忘れてはならない。

第二に、前にのべたように、日本が「高度消費社会」へ突入するなかで、子どもがちょうどヨーロッパ中世のように、「小さな大人」になっていることが意識されるようになったために、子どもを大人と区別して処遇することの意味がしだいに失われてきたことである。これが「少年法は甘い」という非難として噴出《ふんしゅつ》したのだ。子どもが「小さな大人」になっていることの象徴が「プチ世間」の登場である。

しかし子どもを「小さな大人」とみなし、処罰するということは、大人と同じ「権利」や「人権」を認めよということでもある。それが厳罰化にもとづく要求であろうと、「子どもの人権」という観点からの主張であろうと、その根底には共通に、子どもを「人格の体現者」とみなすという考え方がある。

じつは日本の「世間」は、第二章でのべたように、大人にたいして「権利」や「人権」を認めない。「権利」や「人権」という概念は、〈世間-外-存在〉においてはじめて有効となるものであって、通常私たちが生きる〈世間-内-存在〉においては、まったく意味をもたない。「世間」のウチ側では、「権利」とか「人権」を主張すれば、「あいつは権利ばかり主張する嫌なやつだ」ということになる。

それは「世間」に「共通の時間意識」があるために、「権利」や「人権」の前提となる個人や社会が存在しないからである。「権利」や「人権」というのは近代法の概念だが、西欧では個人が生まれ、その集合体である社会が形成されて、個人間の紛争を調整する社会的手段としての近代法が生まれる。しかし日本では、依然として現在においても、この個人や社会が存在しないために、「権利」や「人権」にさっぱりリアリティがない。これは子どもにたいしても同じである。九四年にすでに批准《ひじゅん》されている「子どもの権利条約」が、今日にいたるまで日本でさっぱり定着しないのは、そのせいである。

「世間」は少年への厳罰化を望んだ。しかしそれがコインの裏表のごとく、少年を「人格の体現者」とみなすことと同じだということに、「世間」は気づいていない。子どもを「小さな大人」として認めるということは、子どもにも「権利」や「人権」を認めなければならないということだ。必然的にそれは、選挙年齢や、商取引における責任年齢、飲酒・喫煙年齢などの問題につながってゆく。きわめてシビアな問題なのだ。

さらに第三に、このドラスチックな転換の根底にあったのは、第三章でのべたように、日本における「後期近代化」、つまりこの時代の新自由主義の台頭である。

「自己責任」を強調する新自由主義の立場からいえば、いかに少年が犯罪をおかそうとも社会や環境のせいではなく、あくまでも「自己責任」である。すなわち、この考え方は、「自由意思で犯罪をおかした小さな大人」という少年のイメージに重なる。

よーく考えてみれば、新「自由主義」は、もともと「自由主義」であることには違いはないわけだから、一九世紀の自由主義の時代の子どものイメージである「自由意思で犯罪をおかした小さな大人」に回帰するのは、当然といえば当然であろう。

いうまでもないが、新自由主義を主張することは、それが前提とする「強い個人」がいない「世間」にとっては、自己矛盾以外のなにものでもない。

すなわち犯罪をおかした少年への厳罰化の要求、つまり少年の〈世間‐外‐存在〉への「はずし」がおきたのは、「後期近代化」によって「世間」が解体し、人々が新自由主義を本気で支持しはじめたからではない。

つまり、新自由主義によって「世間」という古い共同体が解体し、あらたに西欧流の社会が生まれ、「強い個人」が形成されて、そうした人々が、少年への厳罰化を要求したわけではないのだ。「世間」は相変わらず強固に日本人を縛り続けている。

それは、これまでのべてきたように、異物としての新自由主義にたいして、「世間」が喘息や花粉症のような一種のアレルギー反応をおこし、〈世間‐内‐存在〉におけるルール強化と、〈世間‐外‐存在〉における排除の拡大の結果であるといえる（少年法をめぐる議論の詳細については、佐藤直樹『大人の〈責任〉、子どもの〈責任〉』青弓社、一九九八年を参照されたい）。

第六章

謝罪と「ゆるし」

出すぎた杭は打たれない

(1)「おまじない」としての謝罪

日本の「世間」では、家族が犯罪をおかしたり、企業や組織がなにか不祥事をおこしたりしたときに、ただちに「世間」に謝罪し、「ゆるし」を乞うことがもとめられる。

一〇年七月には、野球賭博問題でゆれる相撲協会が、賭博に関与した力士の処分を発表し、記者会見場で、賭博に関与したとされる力士二二名と謹慎する親方たちがずらっと並び、「世間」に謝罪した。賭け花札をしたとされる横綱白鵬は「全国の相撲ファンの皆様に心からおわびします」と頭を下げた。

日本ではあたり前の風景である。

ところが、である。一〇年二月にトヨタの社長はアメリカでのリコール問題で、議会の公聴会の席上でひたすら謝罪した。しかしアメリカでは、事故をおこしてもすぐに謝罪することはなく、せいぜい「自分には責任はないが、こういうことがおきて残念」というぐらいだという。

一般に日本においては、たとえば交通事故をおこし相手にケガをさせたようなときに、たとえ相手に非があるような場合であっても、まずもってとりあえずひたすら謝罪し、反省の意をあらわさなければならない。自分に過失があろうがなかろうが、法的責任とはべつに、ただちに謝罪しなければならない。

そうでないと、「誠意がない」と相手や「世間」からみなされるからである。日本人は、とくに「世間」からそうみなされることに耐えられない。「世間を離れては生きてゆけない」と思っているからである。

さらに、だれかにケガをさせるような行為は、「世間」という共同体の秩序を乱すような、共同体棄損行為と考えられるために、それにたいする謝罪は、乱れた秩序を修復する行為とみなされる。これは、法的に責任があるかないかという問題とは関係がないために、法的責任とはべつに、ただちに謝罪することがもとめられるのである。

ところがアメリカでは、「アイムソーリー」といった時点で、すでに全面的に過失を認めたことになる。アメリカの保険会社は、自動車の賠償責任保険に加入するドライバーとの契約書に、「事故現場では自分はどう考えるかコメントしない」という条項を盛り込んでいるという。現場で謝罪すれば、一〇〇％の責任を問われかねないからである。

それにしても、アメリカ人だって、どうしてもすぐに謝罪しなければならないことだってあるだろう。そのために、カリフォルニア州をはじめとしてアメリカの多くの州では、病院で患者が死亡した際に医師が、患者の家族などに、「手は尽くしたが力が及ばなかった。お気の毒です。アイムソーリー」といっても医療過誤訴訟の証拠にはしないという、「アイムソーリー法」を制定しているという、笑えない話まである（「豊田章男社長『アイムソーリーの罠』に落ちた！」『週刊ポスト』二〇一〇年三月一二日号）。

日本では考えられない話である。つまりこうした日本的な無条件の謝罪は、日本の〈世間‐内‐存在〉においてだけしか通用しないということである。

これまでのべてきたように、九〇年代後半以降の日本における厳罰化の流れはあるものの、依然として日本の刑事司法の中心を通奏低音のように流れているのは、「まあ、ゆるしてやるか」という「ゆるし」であり、その前提としての謝罪である。すなわち謝罪とは、「ゆるし」によって〈世間‐内‐存在〉として再び包摂されるか、「はずし」によって〈世間‐外‐存在〉として排除されるかの分水嶺《ぶんすいれい》となっているのだ。

しかも問題なのは、〇八年の「秋葉原無差別殺傷事件」のときのように、たとえ二〇才をすぎている立派な大人の犯罪であっても、家族の責任が問われることである。加害者の家族の家にまでメディアが大挙して押しかけ、両親やきょうだいの謝罪記者会見を強要する。こうした光景は、今やごくふつうのことになっている。

日本の家族はこうした場合、ほんとうは自分の子どもは悪くないと心のなかでつぶやいていても、ひたすら「世間」に謝罪しなければならない。謝罪しなければ、自分たちもまた〈世間 - 外 - 存在〉として、「世間」から排除されることになるからである。つまり「世間」における犯罪の責任とは、近代刑法の個人責任というよりも、依然として、江戸時代のような縁座責任・連座責任を意味するのである。

この点で私が驚いたのは、九五年に沖縄で米兵による「少女暴行事件」がおきたときに、犯人として逮捕された米兵の母親がアメリカから沖縄にやってきて、堂々顔を出して記者会見し、「息子は悪くない。日本の警察にハメられただけだ」と主張したことである。

アメリカではどんな場合でも、まず家族を守るのが当然だと考えられている。しかし、日本の「世間」の前で加害者家族が、メディアに堂々顔を出して、こうした主張をおこなったら、とんでもないバッシングになることは火をみるより明らかである。

げんに、第三章でもふれたように、〇四年四月におきた「イラク人質事件」では、人質の家族が「世間」に「ご迷惑をおかけしました」と謝罪しなかったために、「自己責任論」にもとづくとんでもないバッシングがおきた。

当初、犯罪被害者としての人質家族に向けられていた「世間」の同情と共感が、家族が「世間」に謝罪しなかったことによって、「迷惑をかけられた」政府関係者への同情と共感に反転し、政府の「自己責任論」にもとづく人質批判をきっかけとして、日本中をまき込む大バッシングとなったのである。

イラクでの人質事件は、お隣の韓国を含めて多くの国でおきているが、このようなバッシングがおきたのは日本だけであった。当のアメリカのパウエル国務長官にすら、「危険を冒したおまえが悪いということにはならない。彼らを無事に救出する義務がわれわれにはある」(『西日本新聞』二〇〇四年四月二三日)などといわれる始末なのだ。

さらに辺見さんが指摘しているように、〇八年の「岡山駅ホーム突き落とし事件」で、未成年の息子のおこした事件を謝罪する父親が、記者会見でジーパン姿だったことが、ネット上で「非常識だ」と批判されたそうだ。「世間」は家族が謝罪することは当然のこととして、謝罪のときの服装が悪いとまでいうのだ。辺見さんはこれを「世間に強いられて家族がやらされている」という(『愛と痛み』)。

これは、とくに最近のインターネットの普及によって、比較行動学が専門の正高信男さんのいう「IT世間」(正高信男『他人を許せないサル』講談社ブルーバックス、二〇〇六年)が成立し、ネットを通じて「世間」のバッシングが、ほとんどリアルタイムで、しかも際限なく広がってゆくという、まったく新しい傾向が出てきたことを意味する。

この「ＩＴ世間」とは、ネットの普及など情報化社会に突入することによって生まれた、現実世界と同様の、ネット上でのＩＴ化された「世間」的な付き合いのことである。

問題なのは、正高さんのいうように、パソコン・ケータイが普及し、だれでもインターネットにつながることができるようになって、時空に拘束されない、国境を越えた人間関係が広がるのではないかと期待されたが、じっさいにはネット上に「世間」をつくっているだけで、日本人にとっての世界観、社会的関係性、世間にたいする考え方はこれまでとほとんど変わっていないことである。

また二〇一〇年冬季五輪のスノーボード・ハーフパイプ國母選手の「服装の乱れ」問題でも、メディアが両親のところにコメントを取りに行ったらしいが、以前と比べても、最近はとくにメディアスクラムによる家族への謝罪の強要がひどくなっているように思う。それは、すでにのべたように、新自由主義の台頭によって、「世間」が花粉症のようなアレルギー症状を呈し、厳罰化の流れが生まれ、「世間」の空気が「息苦しく」なっているせいである。

メディアが両親のコメントを取りにゆくのは、「世間」の「共通の時間意識」により、親と子の関係が個人と個人の関係にならず、親がいつまでも、たとえ子どもが二〇才をこえていても、子どものしでかしたことに責任を取らなければならないからである。つまり、先ほどのべたこととの関連でいえば、日本人は二〇才未満を「小さな大人」とみなし、同時に二〇才をこえても、いつまでも「子ども」とみなすという矛盾を抱えこんでいるのだ。

近年それがひどくなっているのは、以下の理由があると考えられる。すなわち、新自由主義の台頭とともに、人々が自分の存在の確実性が不安定になる「存在論的不安」におちいることになった。その結果、喘息のように「世間」の空気が「息苦しく」なるにつれて、人々の無意識のなかに一種のストレスがたまり、それがメディアスクラムというかたちで、犯罪者やその家族への攻撃性に転化したためである。

ところで、「世間」にとって謝罪がなぜ有効なのかといえば、それは謝罪が一種の「おまじない」の意味、つまり「呪術性」をもっているからである。

〇三年一一月におきた「熊本県元ハンセン病患者宿泊拒否事件」では、熊本県が国立療養所の元ハンセン病患者を温泉旅行に招待しようとして、ホテル側から「他の客に迷惑がかかる」ことを理由として宿泊を拒否されたために、この事実を記者会見で公表し、旅館業法違反容疑でホテルを告発した。

公表後、ホテルの総支配人が療養所に出向き宿泊拒否を謝罪したが、それが「個人の謝罪」だとして本社の責任を明確にしていなかったために、入所者側がこの謝罪を拒否した。ところがそれがメディアで報道されると、謝罪を受け入れなかったのが「ごう慢だ」「調子に乗らないの」「謝罪されたらおとなしくひっこめ」という内容の百本以上の電話や手紙が、施設に殺到した（『東京新聞』二〇〇三年一二月五日）。

いったいなぜ、謝罪の拒否が「世間」のバッシングの理由となったのか？

それは謝罪に、「おまじない」のような呪術的意味があるからである。すなわち、「世間」には「呪術性」というルールがあるために、神主がお祓いのときに祝詞《のりと》を唱えるように、謝罪の言葉がくり返し唱えられると、言葉自体が一種の呪力をもつことになる。呪力をもった言葉には、それに従わなければならない強制力が生じる。そのために、この謝罪を受け入れないことは、言葉のもつ呪力を無視し、「呪術性」にもとづく「世間」のルールに反することになる。これは外国人にはなかなか理解できないことだろう。

それゆえ謝罪された側は、謝罪を受け入れ、「ゆるし」を発動しなければならない。入所者側の行動は、この「世間」のルールに反するものであったために、「世間」からのバッシングにあったのだ。

ここで注意しておかなければならないのは、「世間」は、すくなくとも表面上それが「真摯な謝罪」にみえれば、心のなかでどう思っているかという内面は問わないことである。つまり謝罪は、「呪術性」を根底にもつ形式的な儀式であるといってよい。

國母選手の「腰パン問題」のときに、彼が二回会見を開き謝罪させられたのは、一回目の謝罪が「反省してま−す」と、「真摯な謝罪」に受け取られなかったからである。二回目の謝罪だって、ほんとうに内面を問題にするとすれば、真摯に反省し、謝罪しているのか疑問があるはずなのだが、謝罪はあくまでも儀式なので、あれでOKということになったのだ。

(2)「くたばれ警察」のTシャツを着る被告人

昔の刑事ドラマによくあるシーンで、こういうものがあった。なかなか自白しない被疑者を厳しく取り調べているが、ある日、ポケットマネーで刑事が被疑者の昼飯にカツ丼をとる。それまでガンとして自白しなかった被疑者がカツ丼を食べ終わって、泣きながら自分の罪を認め、自白を始める、というものである（今ではこれは自白の誘導になるので、じっさいにはないらしいが）。

じつは日本では、西欧に比べると自白事件がきわめて多い。

実務経験のある刑法学者の青柳文雄さんによれば、日本人にとって黙秘権ということに意味がないのは、子どものころから、四面を石壁に囲まれて出入口は扉一枚という個室で暮らし、孤独に耐える習性をもっている西欧人に比べて、日本人は孤独に耐えられないので、逮捕されて留置場などに入れられまったく一人にされた場合、簡単に自白してしまうからである。日本で自白事件が圧倒的に多いのは、このせいだという（青柳文雄『日本人の犯罪意識』中公文庫、一九八六年）。

弁護士で刑法学者の白井駿《しゅん》さんは、日本の自白採取過程の特殊性を、自白することが自己の罪を率直に認め、おかみにお手数をおかけしないことを意味することにあるという。そのため捜査官もこのような自白者の態度を諒《りょう》として、反省の情をくみ取り寛大な処分をすることがある、と。

そしてそれは多くの場合、アメリカ流の自白者を利用したり、そのために取引したりするという発想よりも、自白者個人の更生の第一歩としての改悛の情の発露として考えられるという。

また、日本の実務において、被疑者の取り調べが明確な利害対立というかたちをとらないのは、取り調べ主体と取り調べ客体との間の相互主観のあり方に基因している。そこでは日本人としての体験の共有が重要な意味をもつ。具体的な取り調べにおいて、「自分だって君の立場だったらやっていたかもしれない」とか、「やられた者のことも考えなさい」という言葉が取り調べを円滑にしているのも、この様な基盤の共有性があるからである、と（白井駿『犯罪の現象学』白順社、一九八四年）。

「世間」においては「共通の時間意識」というルールがあるために、個人が存在しない。そのために、自分と他人の区別がつけにくい。自他の区別がつけにくいので、人々の同情や共感の能力がきわめて高い。「自分だって君の立場だったらやっていたかもしれない」と考えるのは、相手のことを「我がこと」のように考えるからである。

冤罪《えんざい》事件の防止のために、取り調べの様子をすべて録画する「可視化」の必要性がいわれているが、警察・検察がこの「可視化」を嫌がっているのは、現在でも取り調べがこのような捜査官と被疑者との「共感」的な人間関係のもとにおこなわれるからである。

しかし注意しておかなければならない。取り調べの場面は、お互い対等な関係ではない。取り調べ主体である刑事や検察官がいつも優位にたっている。だから自白採取過程は、支配＝服従を内実として把握すべきだと白井さんはいう。取り調べが可能な期間が西欧に比べて圧倒的に長いという問題もあるが、日本で「自白の強要」がいつも問題になるのは、そこに個人が存在せず、捜査官と被疑者が明確な利害対立を前提とした、対等の関係にならないからである。

日本の検察制度の研究者であるD・T・ジョンソンは、アメリカの犯罪者は、日本の犯罪者に比べて改悛の情を示すことは少なく、検察官や裁判官に向かって卑猥《ひわい》な言葉をわめいたり、短パンに野球帽、その上「くたばれ警察」などと書いてあるTシャツを着て法廷にやってくることもある、という。

アメリカの被告人は、挑戦的な個人主義をむき出しにして、権威や権力に真っ向から立ち向かい、そこには恭順《きようじゆん》や反省などはほとんどみられない、これにたいして日本の被告人は一貫して礼儀正しく、恭《うやうや》しく、また敬意にみちた態度を示す、と（D・T・ジョンソン『アメリカ人のみた日本の検察制度』大久保光也訳、シュプリンガー・フェアラーク東京、二〇〇四年）。

法廷に被告人が、「くたばれ警察」というTシャツを着て出てくるなどということは、日本ではまず考えられない。それだけで、「反省していない」「改悛の情がない」証拠とみなされるからだ。そして、「反省していない」「改悛の情がない」だけで、刑が重くなったりするからだ。

つまり日本の被疑者・被告人が警察官・検察官・裁判官に恭順なのは、刑事司法において「なるべく刑務所には入れない、入れてもすぐに出す」という、「まあ、ゆるしてやるか」の「ゆるし」の原理が貫徹しているからである。

ようするに被疑者・被告人にとっては、この「ゆるし」を発動してもらえるかどうかが、不起訴あるいは起訴猶予になるかどうか、執行猶予がつくかつかないかという点で、決定的に重要だからである。日本法の研究者であるD・フットはこれを「寛大なパターナリズム」とよんでいる(D・フット「日本における刑事司法」伊藤渉訳、『比較法』三六号、一九九八年)。

〇七年三月に東京地裁で、いわゆる「ライブドア事件」で証券取引法違反に問われたホリエモンこと堀江貴文さんは、「証券市場の公正性を害する悪質な犯行」として、粉飾決算事件としては「きわめて異例の」懲役二年六カ月の実刑判決を受けた。この判決が「異例」の実刑になったのは、明らかに、ホリエモンが一貫して無罪を主張し、警察・検察・裁判所を含めて、「世間」に謝罪しなかったからである。

一般に日本の刑事裁判では、無罪を主張して黙秘権を行使したりすると、それが「反省していない」「改悛の情がない」証拠とみなされて、かえって重い刑罰を科せられることが多い。これでは「権利」としての黙秘権の意味がまったくないに等しいのだが、「世間」では黙秘権という「権利の行使」は、謝罪と「ゆるし」という「世間」のルールに反する行為となるのである。

このように、被疑者・被告人が警察や検察や裁判所に謝罪し、恭順や反省の態度を示さなければならないと思っているのは、「世間を離れては生きてゆけない」、つまり「世間」からの「はずし」を極端に恐れているからである。そのために「世間」に謝罪し、「世間」の「ゆるし」を得る必要があるからである。

(3) 起訴便宜主義と「ゆるし」

日本の刑事司法の根幹にある「なるべく刑務所には入れない、入れてもすぐに出す」という「ゆるし」の行使にとって、その中心をなしているのは強大な検察官の権限であり、その象徴としての起訴・不起訴を検察官が自由に決定する「起訴便宜主義」である。

すでに第二章でふれたように、日本では検察庁に新規受理された者のうち、「まあ、ゆるしてやるか」ということで、その八三%以上が不起訴（起訴猶予を含む）か略式命令での罰金や科料ですむ。そのうち不起訴となる者は、検察庁に受理された者の半分以上、略式命令は四分の一以上である。「起訴便宜主義」によって正式起訴されるのは、検察庁に受理された者のうちのわずか七％なのである。

さらに第四章でのべたように、この「起訴便宜主義」によって、犯罪をおかしたとされる精神障害者のうち九〇％が、不起訴または起訴猶予となり、心神喪失者等医療観察法か精神保健福祉法のルートに乗る。じっさいの裁判には登場するのは、のこり一〇％にすぎない。

これは驚くべき数字である。

刑事訴訟法二四八条では、この「起訴便宜主義」をつぎのように規定している。「犯人の性格、年齢及び境遇、犯罪の軽重及び情状並びに犯罪後の情況により訴追を必要としないときは、公訴を提起しないことができる」。

この規定は、「性格」「年齢」「境遇」「犯罪の軽重及び情状」「犯罪後の情況」と、犯罪者の個別の事情を、検察官は最大限考慮しなさいといっている。検察官は、これによって、被疑者が事件について真摯に反省し、心から謝罪し、「改悛の情」があると認める場合には、不起訴（起訴猶予を含む）とすることができる。

「起訴便宜主義」に対立する制度は、「起訴法定主義」といって、検察官の起訴・不起訴の基準をあらかじめ法律で定めておき、検察官を法律で縛るものであり、たとえばドイツの制度がそうである。現在のドイツでは、この「起訴法定主義」がかなり緩和され、検察官の自由裁量の余地がふえたといわれるが、それでもこの原則は変えていない。

アメリカの検察官は、被疑者を訴追するかどうかの権限を与えられているが、起訴しなかった場合に、その「拒否理由」を法定の分類に従って、司法省に報告しなければならない。またアメリカ法律家協会の「訴追機能に関する諸基準」は、有罪の十分な証拠が存在する場合には、検察官は起訴すべきだとの前提条件ではじまるそうだから、ある種の「起訴法定主義」をとっているといってよい（『アメリカ人のみた日本の検察制度』）。

つまり日本の「起訴便宜主義」というのは、他の西欧諸国の制度と比較するとかなり特異な制度なのである。

歴史的な沿革からいえば、この「起訴便宜主義」は、一九二二年に成立した旧刑事訴訟法までは法律で明文化されていなかったが、それ以前より実務では広くおこなわれていた。最初のころは、刑務所の満員状態を緩和し、国家予算の過大な負担を抑えるために、つまり財政上の理由で、「起訴便宜主義」にもとづく起訴猶予が利用された。

しかし、一九〇〇年代の初めごろにすでに、起訴猶予を正当化する公式の理由として、犯罪者の矯正と社会復帰を強調する方向にかわっていった。この背景には、自由主義時代の刑法にもとづく「起訴法定主義」を主張する旧派刑法学にたいして、帝国主義時代の「処罰福祉主義」にもとづく牧野さんなどの新派刑法学が、犯罪者には千差万別の事情があり、それを考慮しなければならないとして「起訴便宜主義」を主張し、新派がしだいに優勢になったことがある。

「起訴便宜主義」を採用した理由には、第四章でもふれたように、日本の刑事司法を通奏低音のように流れる「ゆるし」の原理を作動させるためには、条文上はなるべく裁量の余地の大きな規定のほうがつかいやすいことがある。検察官が法律に縛られる「起訴法定主義」では、被疑者を「まあ、ゆるしてやるか」という場合に、きわめてつかいにくいのだ。

これが明治以来、日本が「処罰福祉主義」的な「起訴便宜主義」を受け入れてきた理由である。

ジョンソンによれば、アメリカの検察官は犯罪とは法律に違反することであり、刑事司法とは犯罪の抑制と相応の処罰をすることだと考えている。しかし、日本の検察官は、犯罪は被害者や、さまざまな人間関係および地域社会を害するものであり、そうした被害の修復を支援できると認識している（『アメリカ人のみた日本の検察制度』）。

すなわち、西欧社会においては、犯罪は法律に違反する行為にすぎない。しかし日本においては、犯罪は法律に違反する行為である以前に、ヨーロッパ中世においてそうだったように、「世間」という共同体を棄損《きそん》する行為である。あるいは、「世間」の細かなルールに反する行為である。したがって、それは「世間」にとって、〈世間‐外‐存在〉としてのケガレとみなされる。

日本においては、犯罪者の謝罪と「ゆるし」は、害された「世間」という共同体との関係を修復する行為とみなされる。処罰がミソギとみなされるのも、それが「世間」という共同体との関係を修復する行為と考えられるからである。それゆえ、日本の検察官は、「なるべく刑務所には入れない、入れてもすぐに出す」という「ゆるし」の原理にもとづき、被疑者にたいして、真摯な反省をもとめ、真摯な謝罪をもとめる。

日本の検察官が、「起訴便宜主義」として自由にその裁量権を行使できるのは、刑事司法をとりまく広い「世間」が、それを支持しているからである。すなわち、「世間」には「大岡裁き」のような司法官僚にたいする絶大な信頼があり、検察官にはそうした「世間」の空気を読むことが期待されているのだ。

コロロジー（地域地理学）を専門とする岡本薫さんは、アメリカ映画のヒーローたちは「民衆」から出てリーダーになってゆく者が多いが、日本のヒーローたちは、水戸黄門、大岡越前、暴れん坊将軍、遠山の金さんなど、「権力者が民衆の苦衷《くちゅう》を理解」して、最後は「権力」で正義を実現してくれると指摘する（岡本薫『世間さまが許さない！』ちくま新書、二〇〇九年）。

つまり「世間」にとって、正義の実現は、「大岡越前」や「水戸黄門」たる「お上」が一気になすべきことなのであって、西欧社会におけるような地道な民主主義的手続きは必要ないのだ。この「世間」と検察官など司法官僚との相互関係がもたらしたものが、日本の近年の厳罰化であることは、すでに第三章でのべた通りである。

すなわち、九〇年代後半以降の日本の厳罰化に関わる法律が、心神喪失者医療観察法や時効撤廃にみられるように、ロクな国会審議もなされないままに、「あれよあれよ」という間に成立したのは、「世間」の空気のドラスチックな変化と、この空気を読む検察官など司法官僚との相互関係があったからである。

このように日本では、「世間」がいったん非合理的な空気に支配されると、内容がどんなに非合理で理不尽でムチャクチャなものであっても、あっという間に法律が国会を通ってしまうことがよくある。法案を冷静に審議し、吟味するという国会の民主主義的な機能が、まったく意味をなさなくなるのだ。

（4）「世間」への再包摂としての刑事司法

法社会学者の青木人志さんは、この「ゆるし」の原型を、ラフカディオ・ハーンの「停車場にて」という小品の一節を引いて説明している。それによれば、ハーンは一八九三年に熊本で、巡査殺しの犯人が護送される場面に居合わせた。

そのとき刑事が、被害者の遺児に犯人を引き合わせる。いたいけな目に見つめられた犯人は、地べたに身を投げてひれ伏し、顔を地面にこすりつけて、遺児に「罪滅ぼしに俺は死にます、俺は死にたい、俺は喜んで死にます。だからな、坊や、どうぞ堪忍しておくれ、俺を許しておくれ」と謝罪をする。そうするとまわりにいた群衆は静まり返り、一斉にすすり泣きがはじまる。刑事も目に涙を浮かべる。

青木さんは、この話にわれわれが感動し、一種のカタルシスを感じるのは、犯人がすべての悪事の真相を潔《いさぎよ》く認め、それを悔悟し、謝罪することにこそ、「正義」の十全な実現を求めるという、日本の刑事司法の信念と結びついているからだという（青木人志『「大岡裁き」の法意識』光文社新書、二〇〇五年）。

くり返すが、こうした謝罪と「ゆるし」が生ずるのは、「共通の時間意識」という「世間」のルールがあるためであり、「共通の時間意識」から派生する個人の不在から、自他の区別がつきにくく、そこから同情と共感の構造が生まれるからである。

ようするに、「世間」の側は「自分だって君の立場だったらやっていたかもしれない」と考えるのだ。それは、「世間」が犯罪者を自分の「世間」のウチ側の人間として、つまり〈世間‐内‐存在〉としてとらえ、「ゆるし」を発動していることを意味する。

このことは、「世間」から「はずされ」た人間が、謝罪を通じて「ゆるし」を乞い、もう一度「世間」に再包摂されることを意味する。「存在論的安心」は、謝罪を通じて「世間」に再度包摂され、「世間」のウチ側の人間になることによって生まれる。

白井さんもまた、西欧近代法は、犯罪者をその犯罪者にふさわしいように正確に処罰するという原理に従っていて、「ゆるす」という手続きが存在していないが、日本の刑事手続きにおいては、「ゆるし」が貫かれているという。

白井さんによれば、日本の刑事裁判実務の根底には、古代インドの刑法思想や密教的刑法思想を基礎とした、「贖罪《しょくざい》」と「ゆるし」の思想がある。それが捜査の開始から刑の執行の終了に至るまで、さまざまな局面で、犯罪者とされた人間の贖罪を契機として、罪人への

「ゆるし」とみられる多様な寛大な処分が実践されているという（白井駿「刑事裁判実務研究序説」『國學院法學』四〇巻四号、二〇〇三年）。

前にのべたように、この「多様な寛大な処分」にあたる象徴的制度が、被疑者を起訴するかしないかは検察官のサジ加減しだいという「起訴便宜主義」である。ここでは「まあ、ゆるしてやるか」という独特の「ゆるし」の原理が作動している。しかも白井さんは、その源流は、古代インドの刑法思想や密教的刑法思想にあるという。

九〇年代後半以降の新自由主義の台頭による厳罰化の流れ、すなわち「処罰福祉主義」の後退という現象はあるものの、刑事司法の中心には、通奏低音のようにこの「ゆるし」の原理が流れている。かつて「処罰福祉主義」にもとづき新派刑法学が主張した、この「起訴便宜主義」という制度にたいしては、現在でもなお反対論がほとんどないことをみれば、「共通の時間意識」をもつ「世間」が、この「ゆるし」の制度を圧倒的に支持していると考えるしかない。

以上のように日本の刑事司法においては、「なるべく刑務所には入れない、入れてもすぐに出す」という「ゆるし」の原理が貫徹している。ただし、それは「真摯な謝罪」ということが前提であり、謝罪のない人間にたいしては、ホリエモンの場合のように、逆に、「世間」

からの「はずし」としての厳罰が科せられる。

つまり、日本の「世間」においては、犯罪者を〈世間‐内‐存在〉として、「まあ、ゆるしてやるか」ととらえる「ゆるし」の包摂的側面と、犯罪者を〈世間‐外‐存在〉として、ケガレととらえる「はずし」の排除的側面が存在する。

この二つの原理は一見矛盾するようにみえるが、それは犯罪者を「世間」のソト側の人間としてとらえるか、「世間」のウチ側の人間としてとらえるかという違いであって、この二つの側面は表裏一体となって作動しているのだ。

第二章でのべたように、日本の犯罪率の低さは、明らかに「世間」の「ゆるし」と「はずし」の原理が作動しているためである。西欧社会には任意の集団は存在するが、この日本のような「世間」が存在しないために、日本であれば〈世間‐内‐存在〉において作動する細かな「世間」のルールには縛られない。

そのために集団の内部においても、日本にあるような細かな「世間」のルールが希薄であり、自己抑制がきかず、社会の原理である「法」や「権利」が貫徹している。日本であればこの自己抑制こそが犯罪防止機能をもつが、それがないために、犯罪は事後に処罰を加えることによって抑制するという考え方になる。

それゆえに、西欧社会では刑事司法は事後的な意味しかもたないから、被疑者・被告人が真摯に反省しようがしまいが、謝罪しようがしまいが、どうでもよいことになる。法廷に「くたばれ警察」というTシャツを着ていっても、べつにだれもとがめる人間はいない。処罰はその犯罪にふさわしい内容であればよく、それが結果として犯罪抑止の意味をもつにすぎないからである。

しかし日本では、刑事司法は「世間」への再包摂を意味するから、謝罪と「ゆるし」が必須の条件となる。謝罪が、犯罪をおかした人間が、「ゆるし」を得て〈世間‐内‐存在〉にとどまれるのか、〈世間‐外‐存在〉に「はずされる」のかの、まさに分水嶺となっているのである。

(5) 出すぎた杭は打たれない

これまでみてきたように、近年の日本の厳罰化は、「世間」が解体し、日本社会が「包摂型社会」から「排除型社会」へ移行したために生じたのではない。すなわち、「世間」という共同体が解体して、「世間」の「ゆるし」が機能しなくなり、厳罰化が生じたわけではない。

　それは、もともと日本の「世間」がもっていた厳罰志向、すなわち犯罪をケガレとして把握し、犯罪者を〈世間‐外‐存在〉として「はずし」てゆく排除的側面が、九〇年代後半という「後期近代化」の時代に前景化したためにすぎない。

　日本の「世間」は、謝罪という行為を分水嶺とした、〈世間‐内‐存在〉への「ゆるし」と、〈世間‐外‐存在〉への「はずし」という、世界でも類をみない独特のシステムをつくりあげてきた。それによって、これまた先進産業各国のなかでは、ダントツの治安の良さを誇ってきた。

　しかしそれとひきかえに、「存在論的安心」を得られる〈世間‐内‐存在〉であるためには、「贈与・互酬の関係」「身分制」「共通の時間意識」「呪術性」などの細かなルールに従うことを要求される。「世間」の抑圧性の根源は、まさにここにあった。

　このようななかで、私たちはどう生きるべきなのか。最後にこのことについてふれておきたい。

　辺見さんは「自分の半身である世間というものを対象化」する必要があるとして、つぎのようにいう。

「自分の周囲や横に並ぶ空気を確かめながら態度を決定するのではなく、『私』個人が愛情や憎悪を単独者として表現していくことです。周囲を当惑させること、embarrassing なことを怖れてはいけない。誰が背中を押さずとも、個人が個人として主体的にいわざるをえないことがあるはずなのです。私たちにはもっと乱調があっていい。もっと発言に主体を入れ込んだほうがいい。もっと行動に身体を賭けたほうがいい」（『愛と痛み』）。

辺見さんは、周囲や空気を確かめて態度を決定するのではなく、「単独者」になれという。そういわれて思い出すのは、かつて哲学者のG・ドゥルーズとF・ガタリが、たぶん同じことを「独身者」といっていたことである。

ドゥルーズとガタリはいう。「独身者は、近親相姦の欲求、同性愛の欲求よりも大きくそして強度な欲求の状態である」「彼は非領域化した者、《中心》も《所有に対する大きなコンプレックス》も持たない者である」（G・ドゥルーズ／F・ガタリ『カフカ』宇波彰ほか訳、法政大学出版局、一九七八年）と。

もちろん、ここでいわれている「単独者」「独身者」とはなにか実体的なものではなく、いわば「精神の場所」のようなものをいっているのだ。それをドゥルーズとガタリは、共同体＝閉じられた言説空間の外部へつねに逃れ出ること、すなわち「逃走の線」とよんだ。

日本の「世間」という閉じられた言説空間においては、〈世間-内-存在〉であるか、〈世間-外-存在〉であるかのどちらかを選ぶしかない。だとすれば、あえて共同体＝「世間」の外部への「逃走の線」として、「精神の場所」として、「世間」と「世間」との「あいだ」を生きる、つまり〈世間-間-存在〉を生きることはできないだろうか。

〈世間-間-存在〉とは、〈世間-内-存在〉でもなく、〈世間-外-存在〉でもなく、いわば「世間」のウチとソトを自由に出入りできる存在である。「世間」と「世間」との「あいだ」を自由闊達《じゆうかったつ》に浮遊し、つねに「世間」のウチとソトとを往還し、「世間」に風穴を開けることができる存在だといってもいい。

「世間」に風穴を開けるという点では、ありとあらゆる「世間」の日常的ルールが問題となりうる。ひとつひとつは些細なことでありながら、それが「世間」の日常的秩序を支えているからである。たとえば近年話題になっているのは、平均二三一万円という日本の葬式費用が、アメリカの四四万円、イギリスの一二万円、ドイツの一九万円という他の先進産業国と比較して、飛び抜けて高いことである。

葬式費用には、告別式など葬儀そのものにかかる費用や、お寺に支払う読経料や根拠不明のお値段の戒名料などが含まれる。日本の葬式費用がこれほどバカ高いのは、みんなまわりの「相場」に合わせるという「世間体」が根底にあるからだという。葬式を豪華にするのは、「世間」の「共通の時間意識」によって、「みんな同じ」「人並み」という同調圧力がくわわるからである。

それだけではなく、「世間」には「呪術性」というルールがあるために、葬式にはどんなことがあっても必ず出席しなければならない、という同調圧力もかかる。そのため、日本の場合、死者とはほとんどなんの関わりもない人間も含めて、会葬者がきわめて多くなるということが珍しくなくなる。

このごろはそれに疑問をもつ人間が多くなったようで、近親者だけで通夜をおこない、告別式をしないでそのまま火葬し、近親者のみで故人を見送る直葬《じきそう》がふえている。現在東京では、二〇％が直葬だともいわれる（島田裕巳『葬式は、要らない』幻冬舎新書、二〇一〇年）。

これなどは些細なことのようにみえるが、葬式の「相場」という「世間」の同調圧力に抗して、「世間」のウチとソトとを「出入り自由」にしてゆくことにほかならない。「世間体」というのは、どこかに実体として存在するわけではなく、各人の頭のなかに存在する共同幻想にすぎない。「世間」のウチとソトを往還するということは、心のあり方の転換のことなのである。

べつのいい方をすれば、それは、「贈与・互酬の関係」も「身分制」も「共通の時間意識」も「呪術性」も対象化し、ぜんぶわかった上で、「単独者」「独身者」として生きるということである。たしかに、「世間」ではつねに「出る杭は打たれる」。しかし不思議なことに「世間」との「あいだ」では、「出すぎた杭は打たれない」のである。

辺見さんが「乱調」といっているのは、この「出すぎた杭になれ」ということであろう。もちろん「出すぎた」ところにゆきつくまでは、杭は徹底的に「打たれる」。しかしある瞬間に、〈世間‐間‐存在〉となりえたときに、「私」になることができる。

そうなったとき、この「私」は、おそらく西欧近代社会がつくりあげてきた個人とも異なる存在となるのではないか。社会から生まれた個人ではなく、日本の「世間」から生まれた「私」として、「世間」を対象化しうる「私」として、すなわち〈世間‐間‐存在〉として立つことができるのではないかと思えるのだ。

おわりに

ここ百年ほどにわたって社会学の著作のなかでは、いつも現代社会では「共同体が解体して個人がバラバラになった」といわれ続けてきたらしい(佐藤俊樹「サブカルチャー/社会学の非対称性と批評のゆくえ」東浩紀/北田暁大編『思想地図5』NHKブックス別巻、二〇一〇年)。

本書でのべてきたように、現在いわれているような、新自由主義の台頭によって「世間」という共同体が解体して、「包摂型社会」から「排除型社会」に突入したというのも、この亜流といえる。いま「世間」が解体して「個々バラバラ」になったわけではなく、依然として「世間」は、日本人の生活を強固に縛り続けている。

「世間」がほんとうに怖いのは、それが共同幻想として、日本人の心のなかに完全に内面化されているからである。内面化されているために、ほとんどの人間は、自分がそれに縛られていることに気づかない。にもかかわらず、日本人はみんな無意識に、ある場合には過剰に、「世間」からの「はずし」に遭わないために、「とりあえず謝罪する」というような細かな「世間」のルールに従っているのである。

そうしたなかで私の提案は、〈世間‐間‐存在〉として「出すぎた杭になれ」ということだが、それはなにも「KYになりなさい」といっているわけではない。私がいいたいのは、徹底的に「世間」の空気を読み、「世間」をよく知った上で、あえて「世間」の空気を無視する、そういう態度が必要だということである。

最後に、PHP研究所の西村健さんから新書の執筆依頼を受けてから、足かけ三年ほどになるが、やっと約束を果たすことができてホッとしている。本書で、「ゆるし」や「はずし」というような、「世間」を考える上で新しい視座をつくり出せたのは、ひとえに西村さんとの言葉のキャッチボールによるものである。記して謝意を表したい。

二〇一一年一月

佐藤　直樹

制作協力――オフィス1975

PHP新書
PHP INTERFACE
http://www.php.co.jp/

佐藤直樹［さとう・なおき］

1951年、宮城県に生まれる。九州工業大学大学院教授。九州大学大学院博士課程修了。専攻は刑事法学、現象学、世間学。1999年「日本世間学会」創立時に、初代代表幹事として参画。なお、「日本世間学会」は2011年現在、年2回東京で研究大会を開催している。
著書に、『「世間」の現象学』『刑法39条はもういらない』（以上、青弓社）などがある。

なぜ日本人はとりあえず謝るのか

（PHP新書719）

「ゆるし」と「はずし」の世間論

二〇一一年三月一日 第一版第一刷

著者——佐藤直樹
発行者——安藤 卓
発行所——株式会社PHP研究所
東京本部——〒102-8331 千代田区一番町21
新書出版部 ☎03-3239-6298（編集）
普及一部 ☎03-3239-6233（販売）
京都本部——〒601-8411 京都市南区西九条北ノ内町11
組版——有限会社エヴリ・シンク
装幀者——芦澤泰偉＋児崎雅淑
印刷所
製本所——図書印刷株式会社

ISBN978-4-569-79552-2

PHP新書刊行にあたって

「繁栄を通じて平和と幸福を」(PEACE and HAPPINESS through PROSPERITY)の願いのもと、PHP研究所が創設されて今年で五十周年を迎えます。その歩みは、日本人が先の戦争を乗り越え、並々ならぬ努力を続けて、今日の繁栄を築き上げてきた軌跡に重なります。

しかし、平和で豊かな生活を手にした現在、多くの日本人は、自分が何のために生きているのか、どのように生きていきたいのかを、見失いつつあるように思われます。そして、その間にも、日本国内や世界のみならず地球規模での大きな変化が日々生起し、解決すべき問題となって私たちのもとに押し寄せてきます。

このような時代に人生の確かな価値を見出し、生きる喜びに満ちあふれた社会を実現するために、いま何が求められているのでしょうか。それは、先達が培ってきた知恵を紡ぎ直すこと、その上で自分たち一人一人がおかれた現実と進むべき未来について丹念に考えていくこと以外にはありません。

その営みは、単なる知識に終わらない深い思索へ、そしてよく生きるための哲学への旅でもあります。弊所が創設五十周年を迎えましたのを機に、PHP新書を創刊し、この新たな旅を読者と共に歩んでいきたいと思っています。多くの読者の共感と支援を心よりお願いいたします。

一九九六年十月

PHP研究所

PHP新書

［社会・教育］

117 社会的ジレンマ　山岸俊男
134 社会起業家「よい社会」をつくる人たち　町田洋次
141 無責任の構造　岡本浩一
175 環境問題とは何か　富山和子
252 テレビの教科書　碓井広義
324 わが子を名門小学校に入れる法　清水克彦／和田秀樹
330 権威主義の正体　岡本浩一
335 NPOという生き方　島田　恒
380 貧乏クジ世代　香山リカ
389 効果10倍の〈教える〉技術　吉田新一郎
396 われら戦後世代の「坂の上の雲」　寺島実郎
398 退化する若者たち　丸橋　賢
414 わが子を有名中学に入れる法　清水克彦／和田秀樹
418 女性の品格　坂東眞理子
455 効果10倍の〈学び〉の技法　吉田新一郎／岩瀬直樹
481 良妻賢母　池内ひろ美
495 親の品格　坂東眞理子
504 生活保護vsワーキングプア　大山典宏
515 バカ親、バカ教師にもほどがある　藤原和博／［聞き手］川端裕人
518 グーグルが日本を破壊する　竹内一正
522 プロ法律家のクレーマー対応術　横山雅文
537 ネットいじめ　荻上チキ
546 本質を見抜く力――環境・食料・エネルギー　養老孟司／竹村公太郎
558 若者が3年で辞めない会社の法則　本田有明
561 日本人はなぜ環境問題にだまされるのか　武田邦彦
569 高齢者医療難民　吉岡 充／村上正泰
570 地球の目線　竹村真一
577 読まない力　養老孟司
586 理系バカと文系バカ　竹内　薫［著］／嵯峨野功一［構成］
599 共感する脳　有田秀穂
601 オバマのすごさ やるべきことは全てやる！　岸本裕紀子
602 「勉強しろ」と言わずに子供を勉強させる法　小林公夫
607 進化する日本の食　共同通信社［編］
616 「説明責任」とは何か　井之上　喬
618 世界一幸福な国デンマークの暮らし方　千葉忠夫
619 お役所バッシングはやめられない　山本直治
621 コミュニケーション力を引き出す　平田オリザ／蓮行
629 テレビは見てはいけない　苫米地英人

632 あの演説はなぜ人を動かしたのか　川上徹也
633 医療崩壊の真犯人　村上正泰
637 海の色が語る地球環境　功刀正行
641 マグネシウム文明論　矢部 孝／山路達也
642 数字のウソを見破る　中原英臣／佐川 峻
648 7割は課長にさえなれません　城 繁幸
651 平気で冤罪をつくる人たち　井上 薫
652 〈就活〉廃止論　佐藤孝治
654 わが子を算数・数学のできる子にする方法　小出順一
661 友だち不信社会　山脇由貴子
675 中学受験に合格する子の親がしていること　小林公夫
678 世代間格差ってなんだ　城 繁幸／小黒一正／高橋亮平
681 スウェーデンはなぜ強いのか　北岡孝義
687 生み出す力　西澤潤一
692 女性の幸福［仕事編］　坂東眞理子
693 29歳でクビになる人、残る人　菊原智明
694 就活のしきたり　石渡嶺司
706 日本はスウェーデンになるべきか　高岡 望
708 電子出版の未来図　立入勝義

［**思想・哲学**］

032 〈対話〉のない社会　中島義道
058 悲鳴をあげる身体　鷲田清一
083 「弱者」とはだれか　小浜逸郎
086 脳死・クローン・遺伝子治療　加藤尚武
223 不幸論　中島義道
272 砂の文明・石の文明・泥の文明　松本健一
274 人間は進歩してきたのか　佐伯啓思
301 20世紀とは何だったのか　佐伯啓思
468 「人間嫌い」のルール　中島義道
470 世の中がわかる「○○主義」の基礎知識　吉岡友治
474 昭和の思想家67人　鷲田小彌太
520 世界をつくった八大聖人　一条真也
555 哲学は人生の役に立つのか　木田 元
568 「生きづらさ」を超える哲学　岡田尊司
596 日本を創った思想家たち　鷲田小彌太
614 やっぱり、人はわかりあえない　中島義道／小浜逸郎
658 オッサンになる人、ならない人　富増章成
682 「肩の荷」をおろして生きる　上田紀行

［**地理・文化**］

264 「国民の祝日」の由来がわかる小事典　所 功

332 ほんとうは日本に憧れる中国人　王　敏
369 中国人の愛国心　王　敏
383 出身地でわかる中国人　宮崎正弘
465・466 [決定版] 京都の寺社505を歩く(上・下)　山折哲雄／槇野　修
592 日本の曖昧《あいまい》力　呉　善花
635 ハーフはなぜ才能を発揮するのか　山下真弥
639 世界カワイイ革命　櫻井孝昌
649 高級ショコラのすべて　小椋三嘉
650 奈良の寺社150を歩く　山折哲雄／槇野　修
670 発酵食品の魔法の力　小泉武夫／石毛直道[編著]
684 望郷酒場を行く　森　まゆみ
696 サツマイモと日本人　伊藤章治
705 日本はなぜ世界でいちばん人気があるのか　竹田恒泰

[歴史]

005・006 日本を創った12人(前・後編)　堺屋太一
061 なぜ国家は衰亡するのか　中西輝政
146 地名で読む江戸の町　大石　学
234 駅名で読む江戸・東京　大石　学
286 歴史学ってなんだ?　小田中直樹
384 戦国大名 県別国盗り物語　八幡和郎
387 世界史のなかの満洲帝国　宮脇淳子
446 戦国時代の大誤解　鈴木眞哉
449 龍馬暗殺の謎　木村幸比古
505 旧皇族が語る天皇の日本史　竹田恒泰
513 チャーチルが愛した日本　関　榮次
548 戦国合戦・15のウラ物語　河合　敦
560 封建制の文明史観　今谷　明
591 対論・異色昭和史　鶴見俊輔／上坂冬子
598 戦国武将のゴシップ記事　鈴木眞哉
606 世界危機をチャンスに変えた幕末維新の知恵　原口　泉
610 娯楽都市・江戸の誘惑　安藤優一郎
640 アトランティス・ミステリー　庄子大亮
647 器量と人望 西郷隆盛という磁力　立元幸治
660 その時、歴史は動かなかった!?　鈴木眞哉
663 日本人として知っておきたい近代史[明治篇]　中西輝政
672 地方別・並列日本史　武光　誠
677 イケメン幕末史　小日向えり
679 四字熟語で愉しむ中国史　塚本青史
704 坂本龍馬と北海道　原口　泉

[心理・精神医学]

053 カウンセリング心理学入門　國分康孝